教育部人文社会科学研究项目
"农村公共文化产品供给研究——兼论民族地区公共文化服务体系建设"成果

"云南大学服务云南行动计划·云南乡村文化振兴规划编制及相关配套政策"
研究项目成果

农村公共文化产品供给研究

李佳 陈炼 著

人民出版社

策划编辑:王怡石

责任编辑:王怡石　周文婷

图书在版编目(CIP)数据

农村公共文化产品供给研究/李佳,陈炼 著. —北京:人民出版社,2020.7
ISBN 978－7－01－021580－8

Ⅰ.①农…　Ⅱ.①李…②陈…　Ⅲ.①农村文化-文化产品-供给制-研究-
中国　Ⅳ.①G127

中国版本图书馆 CIP 数据核字(2019)第 272904 号

农村公共文化产品供给研究

NONGCUN GONGGONG WENHUA CHANPIN GONGJI YANJIU

李　佳　陈　炼　著

人民出版社 出版发行

(100706 北京市东城区隆福寺街 99 号)

北京盛通印刷股份有限公司印刷 新华书店经销

2020 年 7 月第 1 版　2020 年 7 月北京第 1 次印刷
开本:710 毫米×1000 毫米 1/16　印张:14.25
字数:200 千字

ISBN 978－7－01－021580－8　定价:69.00 元

邮购地址 100706　北京市东城区隆福寺街 99 号
人民东方图书销售中心　电话 (010)65250042　65289539

目　　录

第一章　农村公共文化产品供给的
研究要旨与意义

在文化建设的进程中,农村公共文化服务已经成为一个重要的、被广泛关注的民权和民生问题。构建覆盖农村的公共文化服务体系是当前我国文化建设的重点,是系统解决农村问题的重要组成部分,在社会全面转型的当下,更具有公共精神培育和社会治理的特殊意义。农村公共文化服务中最重要的环节是公共文化产品的供给,相当长一段时期以来,政府是农村公共文化产品供给的唯一主体。随着农村社会和经济的发展,对文化产品的供给提出了更复杂多元的需求,单一的供给模式越来越受到质疑。因此,创新农村公共文化产品供给模式成为当前的重要议题,对公共文化产品供给的要旨和意义的分析,能给公共文化产品供给研究提供一个相对清晰的视角和路径。

第一节　农村公共文化产品供给:
现有研究的复杂面向

供给是经济学的基本概念之一,农村公共文化产品供给的研究,可以从资源配置的视角,从复杂的社会条件中抽离出相关变量,建立变量之间

— 1 —

因果关系的逻辑体系,得出明晰的结论。但当把外生给定的社会条件视为内生变量时,在供给的经济学概念之上叠加了农村的社会文化概念,农村公共文化产品供给的研究视域大大拓展。农村与城市是非常不同的地域共同体,农村不仅是地理上的聚落空间和经济活动方式的描述,更有其文化的指涉与文化意义的承载。因此,农村公共文化产品的供给不是一个孤立的问题,既是关于资源配置的研究,又要跳脱出经济学的研究框架,进入社会文化的研究范畴,必须将其放在一定社会文化条件中展开。根据栗本慎一郎的观点,"经济"活动或"经济"行为,并不是一种始于经济关系的行为,最初"经济"行为的意识是由习尚、传承、传说、神话所决定的。① 因此,农村社会的公共产品供给方式与供给效率,无论一般性公共产品还是文化产品的供给,都与农村的经济发展、技术、资源条件以及社会文化构成复杂的动态关系,更与宏观制度环境和意识形态相关。对农村公共文化产品的供给分析,从宏观的角度,通过对中国社会文化的结构与历史进程研究,把握主流文化的社会价值与根植于地方、村落的民间文化的社会价值的关系,认识到社会文化是官方系统与民间基层形态互动之产物,并且处于延续与变迁的辩证交错过程之中。②

从理论工具来看,国外公共产品理论和公共选择理论的发展,为公共产品供给的研究提供了坚实的理论根基,从古典学派大卫·休谟(David Hume)、亚当·斯密(Adam Smith)等人的相关论述,到萨缪尔森(Daul A. Samuelson)确定现代公共产品理论,为公共产品的最优供给及其运行机制的研究提供了基础。之后公共产品研究与公共选择理论及新制度经济学的结合,进一步拓宽了研究范畴。与这些理论相关的卓有成效的研究并不完全针对农村公共文化产品供给,但对此研究有积极的启迪价值。国内对农村一般性公共产品供给的研究起步较早,已经发展到较为成熟

---

① [日]栗本慎一郎:《经济人类学》,王名等译,商务印书馆1997年版,第10页。
② 王铭铭:《走在乡土上——历史人类学札记》,中国人民大学出版社2003年版,第7—8页。

的阶段,主要集中于农村公共产品的基本理论与现实问题、农村公共产品供给制度演化及其特征、当前供给中存在的问题及政策建议等方面。针对文化公共产品供给的研究不多,一些学者提出了自己的观点,但还未形成系统性的研究。有的分析了文化产品的公共属性,并提出供给模式选择。① 有的从乡村非遗资源利用和开发的角度,认为针对现代农民精神文化需求,应该调整农村公共文化服务供给策略,提高乡村"文化适应"程度,②一些学者通过实证研究,认为以俱乐部方式供给公共文化产品,能有效实现成本分摊、增加村民协作,满足文化生活多方面需求。③ 还有的提出,根据区域的特点,公共文化服务建设中要营造与区域文化相适应的服务理念。④ 对农村公共文化产品研究的特殊性,在于既不能放弃公共文化产品的一般经济属性的考虑,又要充分注意到其文化特质,同时在现实层面政府主导供给的语境中,分析政府行为及其政策导向对文化公共产品供给的影响,因此,对此问题要进行透彻的研究,必然涉及多种学科的综合运用,在研究方法上涉及定量分析和定性分析的交叉运用。通过多种学科、多种研究方法的融合,建立农村公共文化产品供给的分析框架,在合理的理论预设前提下,对当前农村公共文化产品供给提出有说服力的解释。

目前农村公共文化产品的研究还未形成坚实的理论基础和成熟的分析范式,存在以下不足之处:一是研究针对性不强,现有研究在农村公共产品的大框架内,建立自己的分析范式,有较为扎实的学理根基,但在研究中把文化产品混同于普通的公共产品,忽视了文化产品的特殊性。二

---

① 左惠:《文化产品的公共物品属性及其供给模式选择》,《中州学刊》2009 年第 5 期。
② 刘如珍:《当代农村公共文化产品供给新策略研究》,《福建论坛》2009 年第 9 期。
③ 皮修平:《俱乐部方式供给湖南农村公共文体产品研究》,《湖南科技大学学报》2010 年第 5 期。
④ 韦正富:《论西南民族地区基层公共服务系统建设》,《云南民族大学学报》2010 年第 6 期。

是研究视角孤立,这类研究孤立地关注农村公共文化产品的供给本身,缺乏供给方式、供给行为与整个农村社会传统的关联研究,忽视了根植于地方、村落的民间文化的社会价值及其在文化产品供给中的作用。三是政策性研究流于空泛,片面强调文化基础设施建设的投入,而且"加大政府投入"的政策建议只具有一般的意义,缺乏有现实意义的制度设计。

因此,对农村公共产品供给的分析,要建立一个富有解释力的分析框架。通过对现有数据的利用,分析农村公共产品供给中供求差异性,再基于文化产品的特殊性,分析农村公共文化产品的现有供给模式及其可能的选择。针对供给绩效的分析,可以基于村落个案进行。通过对农村公共文化产品供给的分析和一般性结论的得出,可以在现实层面,提出优化我国农村公共产品供给的对策建议。

第二节 农村公共文化产品供给的研究要旨

农村公共文化产品是整个农村公共产品体系中的重要内容,在公共文化产品的供给中,产品的成本和收益不具有精确的对应关系,消费者行为和供给者行为对公共产品供给的影响,较之私人产品市场要复杂得多。从供给的角度研究农村公共文化产品,本质上体现出经济学的要旨,即社会通过初始资源禀赋的适当分配,获得帕累托最优配置。同时,文化产品是一种特殊的产品,文化产品的消费是意义符码的体现,文化产品消费的不仅仅是产品本身,还有产品附带的社会关系和社会特征。因此,农村公共文化产品,既具有普通公共产品的一般性特征,又有自身的特质。在国家与社会的视野中,从公共文化产品供给的角度切入农村公共文化服务体系的研究,既从文化发展的视角,又将其置于农村问题的大框架中来考察和研判,对整合各种理论思路,丰富农村公共文化服务系统的理论有重要作用。有利于推动新公共文化服务理论的建立,对于重新认识农村文化的深刻内涵和政府在农村文化发展中的角色定位有一定的意义,为反思和探索农村文化发展中的公共行政提供了新的理论框架和视角。

一、资源配置的帕累托最优

资源配置是研究农村公共文化产品供给的初衷,从终极目标来看,农村公共文化产品供给是通过对社会资源包括公共财政资源的配置来实现文化民生和文化民主。人类经济的核心问题是资源配置,对这个问题的社会性理解,可以分为财产权利制度、技术组织制度和运行机制三个方面。它们不同组合的存在,展示出人类发展方式的非唯一性及其可选择性。[①]

农村公共文化产品供给是整个公共产品体系中的逻辑上和事实上的起点,公共产品供给是资源配置问题,不合理的供给会加剧资源配置的扭曲和不公平。公共产品具有非排他性和非竞争性的特点,在公共文化产品的供给中,产品的成本和收益不具有精确的对应关系,消费者行为和供给者行为对公共产品供给的影响,较之私人产品市场要复杂得多。但公共产品并非完全不追求效率,从供给的角度研究农村公共文化产品,依然要考虑社会成本和经济成本的节约。亚当·斯密认为,"作为政治家和立法者的一门科学的政治经济学,有两个不同目标:首先,为人民提供充足的收入或生计,或者更确切地说,使人民能给自己提供这样的收入和生计;其次,为国家和社会提供公共服务所需的充分收入"。[②] 从富国裕民的意义上,农村公共产品供给在于社会福利意义的增加,即社会通过作初

---

①　陈庆德:《资源配置与制度变迁人类学视野中的多民族经济共生形态》,云南大学出版社 2007 年版,第 26 页。

②　[英]亚当·斯密:《国民财富的性质和原因的研究》下卷,郭大力等译,商务印书馆 1974 年版,第 5 页。

始资源禀赋的适当安排,获得帕累托最优配置。因此,农村公共产品供给体现了"经邦济世"和"经世济民"的意义,处于经济学的基本研究框架之内。本质上体现出经济学的要旨,即社会通过初始资源禀赋的适当分配,获得社会福利增加的最大化,实现帕累托最优(Pareto-efficiency)。

帕累托最优是1897年意大利经济学家帕累托在对英国人财富和收益模式进行调查时提出的,指的是这样一种状态:任何资源配置都不可能使至少有一个人受益而同时不使他人受损,即实现资源最优化配置条件是配置在每一种物品或劳务上的社会边际成本均等。人们把使至少一个人的状况变好而没有任何人的状况变坏的资源配置称为"帕累托改进"。帕累托最优以边际分析的方法客观研究社会资源配置,是衡量效率的基本工具,为现代社会治理结果的评价提供了一个综合性的方法。

帕累托最优是资源配置的最优状态,任何达不到帕累托最优的资源配置状态均有改进的余地。效率是依赖于完全竞争的市场机制实现的,完全竞争的市场机制会带来经济效率的实现,福利经济学第一和第二定理证明了完全竞争是经济效率的充分必要条件。由于农村的公共文化产品的特殊性,是否达到帕累托最优的评判却存在不同的标准。帕累托最优是否与伦理及价值观相兼容,也引起人们的质疑和反思。

由于文化的特殊性,在谈到资源配置时,一方面指具有物质性资源的配置,这类资源更容易量化或形态相对清晰;另一方面也指权威性资源的配置,更多的具有非物质的形态和难于量化的特征,例如表达为社会稀缺的权力资源、社会组织的型构等方面。这两方面的资源进行组合时,可以看到社会运行的基本内容,以何种权力关系提供资源配置的框架,以何种组织实施资源的配置,以及以何种方式规定着运行的机制。

在研究农村公共文化产品的供给中,既要关注物质性资源的配置,也要关注非物质性资源的配置。从微观研究的层面,要考虑到文化基础设施、资金、政府行为等各个变量对公共文化产品供给的影响,建立农村公共文化产品供给模型,分析解释变量与农村公共文化产品供给的关系;以收入水平、文化程度、地域发展、村庄特征等为变量建立农村公共文化产品需求模型,分析这些复杂的变量与农村公共文化产品需求的相关性,从而把握农村公共文化产品的需求结构、需求种类与需求优先序等。通过供给与需求模型的建立,分析农村公共文化产品的供求差异性,寻找公共文化产品供给与需求的均衡点,最大程度节约成本,提高供给效率。

二、制度结构的嵌合

农村公共产品供给制度是指提供农村公共产品的一系列行为构成及规则,作为一个制度集合,由需求表达制度、决策制度、筹资制度及生产管理制度等构成。[①] 农村公共产品供给制度是由一系列规则构成的一个制度集合,这一系列制度应该考虑其关联性,其建立应该嵌合于原有的制度基础之上,而非独立建立,以节约制度成本。在历史制度主义的视角中,将农村供给文化产品的制度结构演变纳入现有制度设计的考量中,从历史制度结构中发现过去政策对现有政策的影响,以及路径依赖的自我强化对现有供给政策效率的影响。

在历史的长期发展过程中,传统农村社会以血缘为纽带,文化的生产和再生产以传统习俗和道德来维系,士绅阶层作为文化再生产的核心人物,通过科举和财富获得地方性权威身份。因此,农村已经形成一套较为成熟且行之有效的治理结构和自主性的文化产品供给系统。主要提供准公共文化产品,其外溢程度较小、一般限于村落和血缘范围,宗庙、祠堂、学堂等农村文化空间也因此塑造出来,在价值层面,也形成特定的价值观念并以显化形态表达出来,如祭祀、歌舞、民俗活动等。

1949 年后,农村社会结构和阶层发生了极大的变化,很长一段时期

---

① 韩鹏云、刘祖云:《我国农村公共产品供给制度的结构与历史性变迁——一个历史制度主义的分析范式》,《学术界》2011 年第 5 期。

内政府成为公共文化产品供给的唯一主体,维系公共文化产品供给的主要力量是政权和政治性话语。20世纪70年代末农村社会改革以后,公共文化产品供给依然是政府主导型,其提供文化产品效率较低,与农民的文化需求不相吻合。1978年以后,由于政府力量在民间一定程度的退出,致使民间文化有所复苏,但长期受到经济发展程度和意识形态话语的影响,农村文化传统处于断裂状态。而农民能控制的经济资源和社会资源十分有限,农村土地制度的改革导致地权分割和生产方式的变化,农村社会力量处于离散状态。城市化进程导致农村人口从乡间被抽离,向城市大规模流动。农村的一系列经济社会特征表达在文化领域的后果之一,就是致使文化产品自我供给失却坚实的基础。

从制度结构与历史变迁的分析中,可以看出在国家主流价值观与民间文化之间,既有结构性紧张,又有相生相长的机制的存在。乡村社会传统具有文化延续和教化民众的功效,以保持农村社会的稳定,因此,民间文化与主流社会意识形态之间,虽然在形态上迥异,但在功能上并非完全冲突,民间文化自我供给的教化功能与政府的主流意识形态能够达成一致性。应该考虑如何在正式制度和非正式制度之间达成嵌合,共同演进,形成农村公共文化产品供给的最佳模式。

三、供求的差异性和特殊性

农村公共产品的种类较多,水利、农田基本设施、道路、交通等都属于农村公共产品的范畴,一般来说,供给内容包括政策供给、基础设施供给、具体产品供给和活动服务供给,但是文化公共产品与普通的公共产品的差异性很大。

文化产品的特殊性在于,首先,其消费的不仅仅是物品本身的使用价值,更消费物品的意义符码,体现出凝结在物品中的社会关系和社会特征。在农村社会,文化是身份认同与归属感的来源。因此,农村公共文化产品,既具有普通公共产品的一般性特征,又有自身的特质。另外,无论私人文化产品还是公共文化产品,它的需求受收入水平、文化程度、村庄特征等变量影响很大。即使在公共文化产品需求明确时,需求结构、需求总类与需求优先序等的差异性也非常大。

其次,公共文化产品的边界非常模糊而且不断变动。文化产品有时以物质的形态存在,有时又以非物质的形态存在,在某些特定的条件下,公共文化产品与普通文化产品的形态呈现胶着状态,有时难于完全剥离。在公共文化产品供给中,简单地将文化公共产品供给理解为政府发起的一些运动或项目,如文化下乡、农家书屋等活动,深入一些的将物质、非物质文化遗产保护等纳入公共文化建设,但这些都不能完全囊括农村公共文化产品的范畴,而且有将农村公共文化产品和文化建设功利化、粗俗化和表浅化的倾向。

最后,公共文化产品的地域性和时代性特征非常强烈。在农村社会,公共文化产品的界定因地域和时间有非常大的区别,很多公共文化产品的出现是根植于地域特色和时代特色的。基于这一特征,公共文化产品的种类和内涵会非常复杂,那么,供给主体唯一性的确定就不得不考虑到其缺陷。除此之外,农村公共文化产品的供给还存在地域差异,具体而言,中国农村发展的非均衡性表现在如下几方面:首先,经济发展水平呈现出显著的区域差异。改革开放以后,国家改变了区域均衡发展战略,生产力布局、优惠政策和投资的重心向东部偏移,东部地区经济获得较大的发展。1995年以后,国家实行区域经济协调发展战略,加强对西部的投资,但东中西部的经济发展差距并未完全收敛。其次,社会文化在不同区域呈现出不同的特征。中国是一个地域广阔、地形多样而且政区严密的地理实体,社会文化影响了对资源的使用方式,因此,产业结构、资源开发也呈现不同的特点。此外,不同区域受自然条件的约束,生产方式、市场化程度差异极大。区域内自然要素的组合决定了人类的生产方式,由此形成不同的农业产业布局和公共产品需求的差异性。

因此,对公共文化产品供给的研究,在一般性特征基础上,应从公共文化产品的特殊性出发,分析供给主体与需求主体的行为特征、行为目标、行为决策及其对公共文化产品供给的影响,在重视农村社会文化传统的前提下,揭示和把握农民和政府在农村公共产品供给中的基本特点和规律,为完善农村公共文化产品供给提供新的研究思路。

四、文化权利的实现

公共文化服务的公共性得到实现的前提是公众基本文化权利的普遍确立和承认,要深刻地理解公共文化服务,必须在文化权利的框架下进行。

从权能层面来说,文化权利大体相当于《经济、社会、文化权利国际公约》中所指的文化权利,即人们参加文化生活、享受科学进步及其应用所产生的利益,以及对其本人的任何科学、文学或艺术作品所产生的精神上和物质上的利益享受得到保护的权利。不过,在应然的角度上看,文化权利也许应该更具开放性和包容性,换言之,文化权利应当至少包括上述各项权能,但又绝不能仅仅限于这些列举的权能。

从权利演化来看,文化权利的产生是一个历史的过程。在资产阶级革命以前,不仅基本上不存在文化权利的保护,而且,人们常常在文化方面受到种种限制、禁锢,甚至因此而招来杀身之祸。例如,我国从汉代开始一直到明清时期,有着很长一段时间的文字狱历史,其根本目的就在于控制人们的思想。欧洲中世纪对文化的管制也是比较严格的。罗马教廷一贯严格禁止异端邪说,宗教裁判所从 13 世纪开始一直是正式的教会法庭,异教徒、自由思想者等不被认同的文化主体,都可能被宗教裁判所判处死刑,在当时的西班牙就有 3 万人被判以火刑处死。12 世纪到 13 世纪,天主教和罗马教廷对社会生活的影响大大加强,教会逐步确立了对世俗政权和社会的全方位干预。当时的欧洲社会具有典型的宗教化特征，宗教教义成为所有思想学说的根源。西欧国家的所有学校长期掌握在教会手中，教会制定教学大纲，挑选学生。

可见，中外文化权利的发展都是一个历史演进的过程，早期人们的文化活动方式和文化内容都受到不同程度的压制。到了资产阶级革命前后，人们在文化方面也应该拥有天赋的人权才逐渐成为共识，并在法律层面得以体现。在我国公共文化服务发展过程中，提出公共文化服务体系的四性原则，即"公益性、基本性、均等性、便利性"，涉及文化权利与文化公平的议题，强调实现人民群众的基本文化权益和权利。

五、新公共文化服务的探索

对农村公共文化产品供给和农村文化建设的研究，旨在探索农村社会文化服务的合理方式。从深入的意义上，农村社区管理如果能够与国家自上而下的公共文化供给系统合理衔接，对农村社会的建设超出提供公共产品的范畴，更具有公共精神培育的特殊意义，使得乡村社会从行为规范、信仰观念等方面增进社会的认同感、归属感和责任感，这是发展公民社会的必要前提。因此，从公共文化产品供给的角度进入农村公共文化服务整个系统的研究，既从文化发展的视角，又将其置于农村问题的大框架中来考察和研判，对整合各种理论思路，丰富农村公共文化服务系统的理论有重要作用。这有利于推动新公共文化服务理论的建立，对于重新认识农村文化的深刻内涵和政府在农村文化发展中的角色定位有一定的意义，为反思和探索农村文化发展中的公共行政提供了新的理论框架和视角。

公共文化产品供给是公共文化服务体系建设的基础，农村由于地理上的隔绝和与外界经济交换较少，文化体系有较大的独立性。公共文化产品的提供，一方面，要加大政府的投入，对农村地区适当倾斜，以促进文化服务均等化为目标,建立区域、城乡人均经费相对均衡的财政投入机制。另一方面,应该更注重民间传统的力量在产品供给中的作用,有效降低制度实施成本,形成文化产品自我供给的内生机制。

第三节 农村公共文化产品供给的研究意义

研究公共文化产品的现实意义在于,供给和需求主体的政府与农民,在合理的公共文化产品供给过程中,产生最优激励机制,进而促进农村社会协调发展及实现乡村治理模式创新。

一、有利于建立政府与农民的最优激励机制

政府和农民的行为都反映出由一系列复杂的需求和动机构成的决策过程,是由个体的理性决策和群体理性决策相结合的复杂的过程。由于制度的路径依赖,农村公共文化产品的供给途径采取自上而下的方式强制性供给,意识形态在公共生活空间过度越界,决策方式依靠行政命令。研究农村公共文化产品供给,有利于政府与农民在行为选择过程中,产生最优激励机制,农民能积极表达真实偏好,政府和其他力量致力于提高供给效率,改善供给方式,从而达到社会公共资源的最优配置。通过对农村公共文化产品的分析,实现一系列显性机制与隐性机制、内部激励机制与外部激励机制的结合。对农民而言,显性激励机制主要表现为报酬激励和经济收益等,隐性激励机制包括社会声誉、社会资本、道德情感、社区认同、社会凝聚等。对政府而言,显性激励包括政绩计算和官员升迁等。外部激励机制包括政府相关立法、财政支持等。目前,由于农民需求表达机制的缺失和激励不足,农民没有意愿或者没有渠道在供给决策中反映偏好,从而导致村民所需要的公共产品供给不足而另一些公共产品供给过

剩。庙会、祭祖、地方戏曲等产品具有公共性特征，是农村文化的显性表达，也是农民需求较高的文化产品，但是长期以来受到忽视甚至压制。而满足地方各级政府提供的产品如文艺演出、农业科技培训、文化下乡、免费电影等产品契合了政绩和利益需要，处于相对过剩的状态，结果造成供给与需求的错位，社会资源浪费，农村文化消费扁平化。

二、有利于促进农村文化和经济、政治、社会协调发展

公共文化产品在满足农民精神文化需求、维护文化安全和社会稳定等方面具有重大意义。在发展中国家，由于资源的可得性差，普遍采取非均衡发展的策略。赫尔希曼（Hirschman）认为，经济发展与其说取决于既定资源和生产要素的最优组合，不如说取决于制定经济发展目标以充分利用隐蔽的、分散和无效使用的资源和人力。基于此，他提出不平衡增长理论，认为在经济发展初期，应当把资源分配到最有生产潜力的产业中去。① 我国长期以来实行不平衡发展战略，在部门发展的优先顺序上，由于工业的边际生产力相对较高，选择优先发展工业；在区域发展顺序上优先发展城市。产业发展的后果不仅仅是生产率的增加和直接产品的效用，从长远来看，还是对一般性的生活方式、教育水平、创造性的影响，乃至对技术存量和新需求产生影响。工业发展促进了城市文化的发展，经过一个阶段的发展，非均衡发展的红利逐渐消失，农业部门经济发展及农村文化发展的短板效应就显现出来，牵制了经济社会全面发展。第二次世界大战之后，学界开始纷纷修正非均衡发展理论，特别是舒尔茨关于农业问题的一系列著作发表以后，促进农业发展在理论上和实践中受到高度的关注。我国长期以来的发展战略的倾斜在农村文化上的直接和显见的后果是文化发展匮乏和不平衡的加剧，存在农村公共文化产品供给不

---

① 叶静怡：《发展经济学》，北京大学出版社 2003 年版，第 125 页。

足和供给失衡的双重问题,供给不足表现为文化产品和文化服务的绝对数量的不足,而供给失衡表现为农村地区文化基础设施普遍落后于城市。新古典主义认为,通过生产要素的流动,区域经济和部门经济差距可以消失,实现均衡发展,但在现实世界中,均衡发展所需的条件不能自动具备,差距不但不会自动消失,反而有不断扩大并自我强化的趋势,尤其是不能即时显示收益和收益难以量化的文化部门,必须通过公共文化产品的有效供给,例如对文化遗产的保护,公共文化设施的提供,平等的文化服务的供给,弱势群体和落后地区的政策倾斜等,部分解决这些存在的问题,实现农村社会协调发展。

三、有利于实现乡村治理模式创新

文化治理概念的阐释,基于批判的话语逻辑,文化的公共性特质,使得文化治理具有多重意涵,文化既是治理的对象,也可以成为治理的手段。治理对应于福柯的治理术概念,权利、知识、规训,以及相关的自我技术等更具批判性的观点,文化治理可界定为"权力规制、统治机构和知识形式的复杂丛节,透过再现、象征、表意作用而运作和争论的权力操作、资源分配,以及认识世界与自我认识的制度性机制"。在全球民族国家发展的历程中,社会公共资源的分配和社会的有效整合成为继经济高速发展之后亟须解决的问题,民族认同和文化认同的作用在社会治理中发挥着重要的作用,政府的职能在文化方面表现为从传统的公共管理向现代治理的转变。在中国的语境下,被表达为"社会主义公共文化服务体系通过公共文化服务供给,达到文化引导人民、教育人民、推动发展的功能"。

在传统社会向现代社会转型过程中,乡村社会的封闭性不断被打破,乡村社会揳入更大的地域社会、现代国家乃至全球的不同结构,传统乡村治理如何与现代治理契合成为至关重要的问题,乡村文化治理成为现代治理的重要形式。乡村治理文化得以实现是通过弥散性的社会治理方式，通过推动乡村文化发展实现治理的目的，公共文化产品的供给是有效的和直接的乡村文化发展方式之一。通过公共文化产品供给模式的创新，强化文化在乡村社会中存续与繁荣提供价值基础的功能，文化建设在满足村庄公共精神、公共价值及构建社区公共秩序中的重要作用，通过文化建设发挥民间传统对乡村的社会整合、道德秩序建构、文化传承、社会控制、娱乐等功能，在国家提供的乡村治理模式之中，将乡土社会文化传统嵌合进来，克服目前乡村治理中文化建设缺失的问题，从而实现乡村治理模式创新。

第二章　农村公共文化产品的
特征及供给

第一节　公共文化产品:定义与一般分析框架

在西方的公共财政理论中,公共产品理论占有极为重要的地位,某些西方财政学家甚至认为它在财政学中处于核心地位。定义与一般性分析框架的建立,有利于确立研究的基点和范畴。

一、公共产品:理论回顾与研究基点

关于公共产品的概念,可追溯到大卫·休谟、亚当·斯密、德姆塞茨(H.Demsetz)等人的界定。至今被广泛接受且被视为经典的是萨缪尔森的定义,1954年萨缪尔森在《经济学与统计学评论》上发表《公共支出的纯理论》一文,对公共产品做了这样的定义:纯粹的公共产品是指这样一种物品,每个人消费这种物品不会导致别人对该物品消费的减少。萨缪尔森的定义包含了公共产品的两个特征,即消费的非竞争性(Non-Rivalry)和受益的非排他性(Non-Excludability)。非竞争性(Non-Rivalry)是指一个人对公共产品的消费不会减少其他人对该产品的消费,即在公共产品数量既定的情况下,增加一个消费者的消费边际成本为零。非排他性是指只要消费者愿意,每个人都有权不被排除在受益范围之外,某一公共产品一旦被提供,则所有社会成员都可以同时享受同样质量和数量

的公共产品,一部分人对该公共产品的消费不能将其他人排除在外,排除其他人对该产品的消费或者技术上不可行,或者虽然技术上可行,但排他成本非常高,或者排他会造成效率损失。

萨缪尔森的研究为纯公共产品的有效配置奠定了理论基础,但是纯公共产品在现实世界中十分稀少。1965 年,布坎南(James M. Buchanan)在《俱乐部的经济理论》一文中,指出萨缪尔森定义的公共产品是纯公共产品,在现实生活中,存在大量介于公共产品和私人产品之间的准公共产品。因此,从排他性和竞争性的特点来看,公共产品可分为两类,一是纯公共产品(pure public goods),同时具有非排他性和非竞争性,如国防、有效率的政府和制度、基础科学等;二是准公共产品(quasi-public goods),只满足非竞争性和非排他性之一的产品。准公共产品又分为两类:一是俱乐部产品,在消费上具有非竞争性,可以轻易将不付费的消费者排除在外,如公共桥梁、公共游泳池、公共电影院等;二是公共资源,这类产品在消费上具有竞争性,但却无法有效地排他,如公共渔场、公共牧场等准公共产品具有"拥挤"的特点,当消费者的数目增加到"拥挤点"后,就会具有消费上的竞争性,在时间和空间上相互竞争,每增加一人,就会减少原有消费者的效用。从形态来看,公共产品包括物质产品和服务产品,也就是说,公共产品可以是一种具体产品,也可以是一种服务。公共服务具有公共物品的内核,而不具备公共物品的物质形态,指在一定共识基础上,人们不论收入、地位差异如何,都应公平、普遍享有的服务,是一种满足人们联合消费、共同受益的非物质产品形态的服务产品,以一定的信息、技术或劳务等无形的服务形式表现出来,同样具有消费的非竞争性和受益的非排他性的特征。

公共产品的分类不是绝对的,它取决于市场条件和技术状况。[①] 当有产权的明确界定和相应的制度和技术手段的保障,公共产品与私人产品

---

① [美]哈维·S. 罗森等:《财政学》,赵志耘译,北京大学出版社 2005 年版,第 55 页。

的界限会发生改变。例如,经济学说史上通过对灯塔的讨论,可以看到公共产品和私人产品的界限是如何不断偏移、调整和变动的。灯塔是典型的公共产品,约翰·穆勒(John Mill)、庇古(Authur Cecil Pigon)和萨缪尔森等经济学家都以灯塔为例说明公共产品的性质,他们均认为,灯塔指引海上轮船的夜航方向,是典型的公共产品,只能由政府建造,任何私人自己出钱去建造灯塔,然后通过市场交易方式向利用灯塔灯光的轮船收费的企图都会失败。但经济学家科斯(Ronald H.Coase)在《经济学中的灯塔》一书中,却以英国灯塔制度的历史演变为依据,追溯了英国私人兴建和营运灯塔的历史,对古典经济学家的灯塔理论进行了批判,认为市场机制可以取代政府的功能,提供公共产品,论证了公共物品产权私有的可能性和优劣势。科斯通过翔实生动的灯塔历史考据认为,并不是私人灯塔制度本身效率不高,而是政府没有提供相关的制度服务。政府只要做好相关的制度保障,私人灯塔的效率明显高于公共灯塔制度,政府可以鼓励私人灯塔经营者竞争,避免由于独家垄断提高收费标准而获取暴利,同时,通过产权界定赋予他们收费以及获取利润的权利并以国家强制力保证实施。

西方公共产品理论的发展历程,始于公共产品概念本身,从产品属性出发,形成对公共产品的经典定义和研究肇始,奠定了公共产品理论在学术界的共识,作出了开创性的贡献。每一时期对公共产品的研究都对应于特定的历史和社会背景,20世纪中叶,新兴自由主义学派理论得到发展,对凯恩斯国家干预理论提出质疑。以萨缪尔森为首的古典综合学派对公共产品的分析,为政府干预经济的合理性和正当性提供了理论依据,将政府作为供给公共产品的主体。为了证明私人供给的无效性,建立了"公地悲剧""囚徒困境"和"集体行动的逻辑"三个理论模型,进一步论证政府垄断公共产品供给的必要性。①。在经历"政府失灵"的阶段之后,

---

① 刘佳丽、谢地:《西方公共产品理论回顾、反思与前瞻——兼论我国公共产品民营化与政府监管改革》,《河北经贸大学学报》2015年第9期。

政府作为唯一供给者的合理性遭到质疑,对公共产品的研究进一步深入,随着组织理论、博弈论等理论工具的发展,以及公共管理理论在此问题的介入,公共产品的研究范围也进一步扩大和深化。

从理论的追溯来看,西方公共产品理论的研究基点在于为公共政策的确立提供坚实的基础,因此,公共产品的研究,从经济学的角度来说,主要聚焦于供给效率,无论是公共产品具体形态的变化,还是在供给过程中出现的问题的讨论、市场和政府等作为供给主体的优势和劣势分析,以及多中心治理理论的出现,供给效率始终是公共产品理论本身的基点和核心;从公共政策的实践来说,聚焦于合法性,即公共产品的供给要合乎道德合法性。这也契合了亚当·斯密的政府原理的两个原则:"合法性原则"(the principle of authority)和"效用原则"(the principle utility),这两大原则也被认为是公共财政理论的基本原则。关于公共产品的效用原则,已经取得了广泛的共识和深入的论证,而合法性原则,则是一个没有得到充分论证的问题。根据马克斯·韦伯(Max Weber)的划分,人类社会可以分为三个类别:习俗型或传统型、集权型、法理型。在习俗型社会中,统治社会的最重要力量是习俗或传统,属于前现代形态,而集权型和法理型属于现代形态。中国的农村社会,大部分处于习俗型社会状态,公共产品的供给,尤其是文化类公共产品的供给,不但要注意到效用原则,更要注意到合法性原则,即公共产品的供给要合乎社会的规范和传统力量。著名经济学家罗斯托认为,在经济过程中遇到的巨大困难"在于其非经济方面:心理的、社会的和政治的过程。它们相互作用并与经济变化交织在一起,推动社会从特定形式的传统社会转向特定形式的增长社会"。[1] 民众对公共产品的认知、偏好等形成公共产品的社会选择过程,反过来,这个社会选择过程又极大地影响了公共产品供给的实际效率。

---

① [美]W.W.罗斯托:《从起飞进入持续增长的经济学》,四川人民出版社1988年版,第12页。

二、文化的公共性

"公共"是相对于个体或私有而言,汉娜·阿伦特(Hannah Arendt)界定了"公共"一词,她认为,公共一词表明了两个密切联系却又不完全相同的现象,它意味着,在公共领域中展现的任何东西都可为人所见、所闻,具有最广泛的公共性,公共一词表明了世界本身。① 公共性是现代的概念,是现代社会发育的标志之一,公共性表现为群体意义的共享和群体身份的获得。现代国家以法律法规的方式保障公共文化的发展,并且认为文化权利是公民的基本人权,成为当今社会普遍认同的价值观。就其实质来说,公共文化是一个社会得以存在和延续的基本要素。只要有社会,就必然存在公共文化,不同地域、民族和社会形态的公共文化,有着自身的特色。同时,随着社会经济的发展,不同历史阶段中的公共文化呈现为不同的发展形态。② 文化是人类精神的集体表达和社会认同方式,蕴含着人类共同的精神,并且因为凝聚着集体的心理,获得传统的认同而获得持久的生命力,因此,文化在本质意义上具有共享性和公共性。但是在人类发展历史中,文化的公共性并未得到认可,文化产品在很长的时间内是少数统治阶层垄断的对象。因为虽然文化具有公共性,但文化的公共性受到社会关系的限制,文化要成为公共文化,往往要通过复杂的社会博弈,甚至是思想、政治以至阶级斗争。③

文化的公共性使得它的外溢程度很高,官方或少数统治阶层难于完全控制和垄断,它不但不受制于边际效用递减规律,相反,它的效用随着使用人的增加而增加,随着使用的人增多,文化的价值和效用呈现递增态势,文化内涵不但不会受到损耗,反而分享越多,这种文化越受到推崇。因此,与一般的公共产品相比较,人们之间不会因为分享文化形成竞争性

---

① [美]汉娜·阿伦特:《人的条件》,竺乾威等译,上海人民出版社1999年版,第38页。
② 荣跃明:《公共文化的概念、形态和特征》,《毛泽东邓小平理论研究》2011年第3期。
③ 高丙中:《作为公共文化的非物质文化遗产》,《文艺研究》2008年第2期。

和排他性。公共文化产品与普通产品相比较,具有符号性与非物质性的特征,并且具有公共产品与私人产品二元对立统一的特性。也就是说,文化产品的偏好性特征极强,但公共文化产品与私人文化产品并不一定处于冲突之中。

公共文化是社会得以存在和延续的基本要素,不同民族、地域形成不同特征的公共文化形态,公共文化呈现的方式是多样的,但是公共文化的基本特征和社会功能是相似的。在中国古代社会,上层以礼乐文化的精英化为特征,形成公共文化的一部分。在下层社会,"民俗"是公共文化的一种方式,是民间大众共享的公共文化形态。民俗就是民间的风尚和习俗,据"汉书"所言,"上之所化为风,下之所化为俗",民俗的社会功能与上层礼乐文化甚至与现代公共文化服务有相似之处,通过各类仪式的实施,并不断重复和程式化来传达价值观念和行为准则,从而规范社会秩序。

三、文化产品的界定

文化产品作为一种产品或物品形态的存在十分久远,但作为一个具有丰富社会意涵的概念,是从 20 世纪 30 年代以后出现的,是随着"文化工业"和"文化产业"概念的发展而衍生出来的。法兰克福学派的马克斯·霍克海默(M.Max Horkheimer)与西奥多·阿多诺(Theodor Wiesengrund Adorno)在 20 世纪 40 年代出版的《启蒙辩证法》一书中,首次提出了文化工业的概念(Culture Industry),除此之外,法兰克福学派的瓦尔特·本雅明(Walter Bendix Schoenflies Benjamin)、赫伯特·马尔库塞(Herbert Marcuse)等都对此理论做过深入的研究。法兰克福学派承继了马克思主义的人文分析方法,从社会学领域汲取了相关理论,对现实社会进行批判,鲜明地体现着人文社会学科的批判和质疑精神。他们把艺术视为独立于经济社会的批判力量,批判锋芒指向文化工业,认为通过商业化和技术化,文化产品被变成资本主义操纵大众意识形态的工具。

瓦尔特·本雅明作为游离于法兰克福学派边缘的思想家,在技术和文化产品发展问题上突破了单一的批判视阈,谨慎地表达了文化产品在推进民主进程中的积极作用。他在《机械复制时代的艺术作品》中认为,艺术品的价值基于仪式之上,最初艺术品的实用价值也表现在仪式之中,随着大规模复制技术的发展,艺术借由机械复制技术跨越出其仪典根基。① 因此,基于技术进步带来的文化产品的呈现方式,使得摄影和电影等艺术作品大量复制和广泛传播成为可能。虽然破坏了艺术品的"灵韵"(Aura),本雅明提出的"灵韵"指因时间和空间在场,艺术品产生的独一性和永恒性。但是大规模复制使艺术突破了原有的狭隘范畴,为大众参与文化生活提供了前所未有的机会,这也是现代性对传统的重建过程,并在此过程中产生了新的文化需求。本雅明对文化产品多维性和丰富性的洞见,对研究文化产品与社会政治文化进程的关系产生了深刻的影响。

文化工业、文化产品概念的建构过程对应着现代性的发展,并对文化工业和文化产品的界定产生了深刻的影响。现代性的概念有着内在的冲突,一种是作为西方文明历史中某个阶段的现代性,它是科技进步、经济和社会变迁的产物,另一种是作为美学概念的现代性,对前者持否定立场,两种现代性之间的关系一直存在无法化约的敌对性。反映在文化产业概念的争议中,逐渐沿着两个方向分化,一个方向承袭了法兰克福学派对文化产品生产的批判态度,另一派则放弃了意识形态的维度,从技术和经济上关注文化产业作为产业形态的生产与流通、传播与消费等实践问题。"文化工业"(culture industry)也更多地以复数形式表达被称为"文化产业"(culture industries)。特别是20世纪70年代以后,文化产业发展的规模和速度在经济领域已不容小觑,文化产业最初的否定性意涵逐渐

---

① [德]瓦尔特·本雅明:《迎向灵光消逝的年代——本雅明论艺术》,许绮玲、林志明译,广西师范大学出版社2004年版,第68页。

不再成为主流,而成为描述经济、社会、文化相互关系的理论工具。联合国教科文组织和欧盟委员会都在正式文件中使用这一概念,各国也将文化产业列入国民经济统计分类。因此,对文化产品的分析,既不能完全放弃它的经济特征,只关注文化要素的分析,也不能将其等同于一般产品,只关注其效率和预期收益的问题。文化产品的概念与文化产业概念的意涵一样,具有相对复杂性,它既体现着文化要素向一般经济物品渗透,又体现着文化要素凭借产品形式而获得表达。① 文化产品不同于一般意义的物质产品,在于以下几方面:一是表达着特定的文化共享系统,文化共享系统表现为文化产品获得产品的形式,在于其突破了个人的经验,体现出集体的记忆和社会认同。因此,它体现着社会机制和民族特有的生活和传统以及从历史上继承下来的象征体系。这些社会认同(无论来自文化持有者内部还是来自文化旁观者)凝结在物中,成为具有特殊意义的产品。二是承载着特定的文化意义,是深层次文化结构在物的凝结上。文化产品的价值取决于"理解",特别是对于文化的旁观者而言,被解读是这个文化产品获得认可的方式。一般而言,文化产品是开放性文本,在关闭一些意义的同时,能开放另一些意义。英国文化学者斯图尔特·霍尔(Stuart Hall)认为,受众虽然不参与文本内容的生产,却可以参与文本的解读,从而能通过解码参与文本意义的生产。

很多时候,文化产品不能被明确分类为私人产品或公共产品,它常常具有双重属性。因此,公共文化产品和私人文化产品,常常难以区分。即使是私人拥有的文化产品中,也凝结着特定的民族精神、审美风尚等由历史沉淀而来的集体价值和审美认同。公共文化产品,有时是以仪式的方式存在,是共同集体记忆的确认,该产品获得特定社会的普遍认同,并成为特定共同体保存的集体记忆和内在文化要素。因此,文化产品表达着

---

① 陈庆德、孙信茹:《文化产业学科理论的民族学视野》,《思想战线》2013 年第 1 期。

不同的社会机制和民族特有的生活和传统,以及从历史上继承下来的象征体系,彰显出鲜明而强烈的社会公共性质。[1]

施罗斯比(Throsby)把文化价值具体分为6类,即:美学(审美)价值、精神价值、社会价值、历史价值、象征符号价值和真实价值。[2] 文化产品是一种特殊的产品,是带有文化意义的产品,也就是说,文化产品不仅提供使用价值,还提供使用价值以外的象征性意义,带着精神、宗教、民族、美学等方面的意蕴。文化产品的消费是意义符码的体现,消费的不仅仅是文化产品本身,还有产品附带的社会关系和社会特征,在农村社会,还是一种社会内部的意义和文化认同。农村文化产品的提供首先要能使农民享有基本的文化权益,通过公共文化服务,为社会全面协调可持续发展奠定文化保障。除此之外,还要在文化产品的消费过程中,实现农民的生存价值。因此,农村公共文化产品的提供就超越了经济学的话语逻辑,在文化建设及社会稳定等更高层次上,有了更为深厚的意义,并涉及国家建构性秩序的渗入与农村文化自生秩序之间的博弈与相互调适,必须在更为深厚的语境中来理解农村公共文化产品的供给。

四、公共文化产品的特征

通过对文化的公共性特征的分析和文化产品的意涵分析,公共文化产品有以下特征:

鲜明的共享性:文化具有公共性特征,表现为一定的人群共同拥有和分享这一文化,文化产品是社会成员平等参与的共享性的载体之一。文化的产生就源于群体的共同拥有和普遍认同,社会群体的平等参与是公共文化共享的重要形式,通过某些仪式实现文化的共享。涂尔干、拉德克

---

① 陈庆德、孙信茹:《文化产业学科理论的民族学视野》,《思想战线》2013 年第 1 期。

② Arjok klamer, eds., *The Value of Culture*, Amsterdam: Amsterdam University Press, 1997, pp. 67–68.

利夫-布朗等人类学家都论述了仪式的功能,认为仪式是在特定群体和文化中实现沟通和整合社会秩序,形成信仰体系和价值观念,从而构建共同的民族凝聚力和民族心理。当然,文化的公共性并不意味着文化产品就必然是共享的,恰恰因为文化产品具有涉及共同体整体利益的公共性,它反倒常常成为国家或统治者的垄断性控制对象;同时,又由于文化产品在前现代社会往往是"稀缺性资源",因而一般情况下它也沦为少数特权者的垄断性消费对象。① 另外,文化的共享也不是毫无条件的,在某种情境下,文化产品也具有排他性,在不同地域、不同族群,公共文化的内容差异性很大,只在一定范围和一定人群中共享,并非无条件、无限制的共享。另外,由于不同社会阶级在构建和占有文化的过程中作用不一,形成不同文化的象征权力和文化资本。

持久的外部性:与物质类公共产品相比较,公共文化产品的外部性特性更加突出,文化产品是精神产品,精神产品与物质产品的一个根本不同之处就在于精神产品具有强烈的持久的外部效应。正外部性对价值观念、社会认同、民族凝聚等的作用非常大,其外溢形成了共同的价值观。这里涉及文化的重要作用,文化的作用在于使社会秩序合法化,文化既是独立存在的,从社会中剥离出来,但又是整合于社会结构之中,一旦文化在地域和种族的环境中形成,便具有很强的持久性,构成民族根本性的心理结构;而负外部性对文化传统与根基会造成强烈的冲击甚至毁灭。物质产品消费之后,其物质形态就逐步消失了,精神产品有的有物质载体,有的没有物质载体,所以精神产品消费之后,无论其物质载体是否消失,表现为外部特征的精神影响仍然要持续较长时间。

内在的偏好性:文化产品的消费常常表现为需求的不稳定和难以预测,文化消费者的认知和根深蒂固的文化传统导致对文化产品的偏好性,

---

① 张晓明、李河:《公共文化服务:理论和实践含义的探索》,《出版发行研究》2008年第3期。

尤其是基于区域、族群等的区别对文化产品的偏好性非常强烈。由于文化是依托于异常复杂的人文社会和空间形成的,宗教、人种、语言和社会习俗都非常不一样,单一的文明区域不存在,地域、民族、历史文化和宗教信仰等方面的差异性带来了在文化上的审美趣味的差异,进而形成消费的偏好性。

强烈的异质性:在众多的文化定义中,文化被定义为共享的价值和一套规则体系,这些价值体系有的是明晰表达的,有的则是通过非正式制度表达或者隐形存在,这一类规则往往在成员内部习得和流传。由于文化是在实践中习得的内在制度,这些制度难于清晰地表达并传递给文化圈以外的人,因此,文化是共享价值和规则系统。[①] 相较于其他产品,文化产品与历史、宗教、民族、艺术、伦理等因素相关度更大,差异性也更明显,在生活方式、经济生产方式及社会组织模式等方面的差异形成了文化产品外在表达方式的特殊性。

第二节 一般性公共文化产品与 特殊性公共文化产品

长期以来,农村成为城市经济发展的资源提取地,农村公共投入较少,因此,公共产品的供给是对农村进行反哺的重要方式,农村的公共产品作为值得重视的概念引起学界的关注,农村一般性公共文化产品与特殊性、异质性公共文化产品的区分的意义,在于形成供给方式的灵活策略。

---

① 柯武刚、史漫飞:《制度经济学:社会秩序与公共政策》,商务印书馆 2003 年版,第 195—197 页。

一、一般性公共文化产品

农村公共产品是用于农村公共需要,在消费上具有非竞争性和非排他性的社会产品。可以分为以下三类:第一类是纯公共产品,物质产品如农村医疗卫生、农村教育、农村环境保护、江河治理、道路建设、电网改造,自来水供应、水利灌溉设施、公共交通等;服务产品如农村基层行政管理、社会治安、农村公共卫生、社会救济,农业市场信息服务、农业高科技推广、农产品营销网络等生产性公共产品和农村生态环境、公共安全、通信网络、有线电视、义务教育、社会保障、文化卫生等非生产性公共产品。第二类是准公共产品,具有非竞争性,但可以轻易排他,如生产资料的供产销服务、农用物品的加工和流通服务等。第三类是公共资源物品,它们具有竞争性,但是却无法有效地排他,如农业生产技术推广、地方水利灌溉、农业病虫害防治等。农村公共文化产品是整个农村公共产品体系中的构成内容,对公共文化产品的研究并不应该脱离整个社会和经济框架,但具体到研究方法和研究的视角上,由于公共文化产品与其他公共产品相比,注入了"文化"这个特殊的因素,具有普适性的农村公共产品供给的研究方法和研究手段在此并不一定完全适用,文化研究与经济研究的关联点与分离点在文化产品研究的时候同时呈现。经济领域对公共产品研究的成熟范式为公共文化产品的研究提供了有利的工具和分析方法,但同时也应注意到文化的特殊性。

概括而言,农村公共文化产品包括物质形态产品和非物质形态产品,既可以是一种具体的产品,也可以是非物质形态的服务产品,以信息、技术和民俗等形式表现出来,具有消费的非竞争性和受益的非排他性。国家政策层面的农村公共文化产品(包括公共文化服务)可以分为纯公共产品和准公共产品两类,纯公共产品一是面向农村地区提供的基础性、公益性的文化设施和文化服务,如博物馆、纪念馆、图书馆、文化保护项目等。二是涉及文化和信息安全的基础设施,如党报、国家广播电台、电视台、国家信息网络及相关的网络设施。三是重要文物和历史文化遗产的保护、研究和开发利用,原创性的文化艺术产品和出版物等。四是其他一切涉及文化公共性服务的信息设施、交通设施、娱乐休闲等设施。这类产品是保障公民的基本需求,体现公民权利的无差别的文化产品和服务,有极强的公共性特点。这些产品一般由国家提供,一方面是由于国家意图通过这些产品保障文化主权、保护文化遗存、展现国家形象、维持社会稳定,另一方面它具有极强的非竞争性和非排他性特征,一般无法通过市场机制获得。

二、异质性和偏好性特征的准公共文化产品

准公共文化产品是具有一定的非排他性,具有竞争性和外部收益性,用于满足具有异质性特征的产品。在农村社会,准公共文化产品范围非常大,供给和传播方式多样,它的独特性在于根植于农耕文化,以乡村日常生活事象的形式体现,如乡风俚俗、礼仪交往、婚姻仪式、节庆活动等。以农村社区和村落的血缘和地缘关系为纽带,体现出极强的观念性特征,是农民精神文化休闲活动的重要来源。目前,文化的差异性成为进入全球文化格局的重要条件,农村文化作为异质性文化获得很大的发展空间,具有差异性、地域特色的准公共文化产品是当地人文化自觉和文化认同的重要来源。

具有异质性的农村公共文化产品的重要组成部分是民俗、传统、信仰及其衍生的一系列形态,其中包括了具有活态性的非物质文化遗产。非物质文化遗产从特殊样式的自在状态到获得命名,文化已经完成了权利主张、价值评估、社会命名的程序而成为公共文化,被命名为遗产的程序就是一种公共文化的产生机制。① 非物质文化遗产进入国家主流话语的

---

① 高丙中:《作为公共文化的非物质文化遗产》,《文艺研究》2008 年第 2 期。

过程,反映出政府承继了历史上"厚风俗禁异端"的主旨,并在国家文化建设和农村文化产业发展的背景下,将地方文化传统经考量和筛选,一部分以产业发展的需要保留了其表征形式,另一部分被改造为国家认同所许可的文化表达形式。非物质文化遗产成为公共文化的途径是在政府体制系统之内得到承认,并获得一定公共资源的支持,使乡村的活态文化资源开始进入主流文化话语。非物质文化遗产价值观,消解了中国几千年传统文化中官方、精英文化与民间文化上下层分野的不平等价值体系。

除了非物质文化遗产之外,大量自在状态的民俗、传统和信仰,在观念上被大众认可,并且大众自愿参与,也应被视为公共文化。大量的民俗、传统和信仰及其衍生形态的公共文化产品类型复杂,不一而足,有些是全国性的,有些是区域性的。宗教活动是最典型的,举办庙会及其相应敬神、迎神、娱神、谢神、送神仪式,存在范围十分广,各地的具体形态不尽相同。人们通过举行群体性信仰活动和仪式来取悦他们所信奉的神,祈求丰收、祈求子嗣繁衍等。与经济活动方式相联系的农事仪式也十分普遍,丰年祭、土地神敬拜、祈雨等仪式比较普遍,各地也有地方性的农事仪式,例如华北地区敬拜负责庄稼生长、虫灾和牲畜的青苗神、虫王、马王。另外,宗族力量依然是不可忽视的,修宗祠、编纂修订族谱、祭祖等活动也是公共文化产品的范畴。传统节庆活动是农耕社会为应自然周期的生活节奏而产生的,与之对应的庆典活动和文化休闲活动是民俗生活不可或缺的组成部分,节庆活动推动了民间艺术形式的兴盛,如傩戏、木偶戏、皮影戏、说书艺术、民间戏曲等。

民俗活动是否成为公共文化产品,不同的社会历史语境中有不同的表述,萧公权在《中国乡村:论19世纪的帝国控制》一书中认为,19世纪,清帝国通过一系列制度实行对乡村社会的控制,宗族、祭祀、乡约等一方面被用来作为监督居民、宣传教条的辅助工具,另一方面帝国对此也保持着足够的警惕和控制目的。① 历史上,民间力量借民俗活动聚众滋事常有发生,秘密结社和反叛常常在宗教和祭祀的名目下实现联合。历朝统治者对聚众行为都保持着相当的警惕,甚至乡聚众祈雨或统称为"迎神赛会"的这类民间风俗,在特定时期都被视为异端,遭到官方的打压,在荷兰汉学家高延(Johannes Jacob Maria de Groot)的著作《中国的教派与宗教骚乱》中,描述了官方对宗教及异端持怎样严厉的态度。尤其是在社会存在不稳定隐患时期,聚众行为更容易被压制,孔飞力的对清朝"叫魂"风波的研究展现了统治者往往将因自己的恐惧而产生的意义注入民间聚众仪式中。②

20世纪70年代末,农村土地产权制度改革以后,国家对农村的控制大大减弱,农村也不再作为经济资源提取机构而存在,家庭联产承包责任制替代了人民公社体制,农村社会被激发了巨大的活力,经济迅速发展,产生了一个乡村文化复活的空间,一些文化事象沉寂多年,但是文化的基因并没有消失,在宽松的环境中,这些文化慢慢恢复了,湮没很久的乡村文化传统活动重新开展,这些传统文化根植于区域性的天时、节气、农事、物产、历史人文及地理交通,具有文化及经济生态上的自然合理性,与乡村的生产、人际、经济交换契合,这一时期的民俗文化复苏,是基于自然的文化传统,没有功利的性质。

随着现代化的进程,乡村经济迅速发展,形成了不完全由国家控制的农村经济剩余,在没有国家的直接资源再分配参与的条件下,如何在形成增量的条件下重新组合农村的生产要素,激活乡村文化资源禀赋,是摆在农民面前的新课题。两千年以来,随着全球化格局中乡土文化的重新被

---

① 萧公权:《中国乡村:论19世纪的帝国控制》,张皓、张升译,联经出版事业股份有限公司2014年版,第55页。

② [美]孔飞力:《叫魂:1768年中国妖术大恐慌》,陈兼、刘昶译,生活·读书·新知三联书店2012年版,第165页。

审视,各地纷纷出台了关于发展文化产业的政策,乡村文化作为可资开发的资源,成为乡村经济发展的另一个途径,乡村文化产业化的进程加剧。政府介入乡村文化产业的开发;同时,村民也看到潜藏其中的经济机遇。尤其是一些比较偏远的乡村地区,由于高山大川的阻隔和多重文化圈的浸润,民间仪式中保留的上古风尚和鬼巫传统能够遗存,成为当今文化产业化发展的重要资源。大量乡村地区活动因一度被定义为封建迷信而隐匿,但实质上已经失却了原初的意味,仅仅保存着仪式感的外在,并通过获得某种合法性进入经济发展轨道。

在经济利益的刺激下,一些已经式微甚至消亡的乡村文化活动被激活。例如云南彝族支系阿细人聚居的山寨可邑村,经济发展水平很低,长期处于贫困状态。由于地理隔绝,可邑村的民族文化生态保存比较完整,村里仍然有毕摩和巫师。密枝节、祭火节、先基对唱、阿细跳月这四种阿细人的风俗孕育并生长在彝族阿细人居住的地方。这里是享誉海内外的国家级非物质文化遗产"阿细跳月"的故乡,阿细跳月是一种民间集体舞,来源于刀耕火种生产时期,每到播种季节,为了尽快烧荒、播种,人们等不到烧荒火星熄灭,就赤着双脚在滚烫的田野上开始翻地、劳作,为使双脚少受田野上余火的灼烧,便两脚一边不停地跳跃一边进行劳作。后来,人们在这种不停跳跃动态的基础上,又增加了蹬脚和上肢的左右甩摆、击掌,逐渐形成了阿细跳月的舞蹈形式。在传统节日中,跳月是必不可少的,也是阿细人寻找意中人的途径,阿细跳月的名声遍传海内外,影响相当大。1950 年,阿细跳月作为国庆节献礼节目,进京演出;1954 年,阿细跳月作为优秀的民族民间文艺节目被带到了华沙的"第三届世界青年学生和平友谊联欢节",但之后,由于对传统民俗文化的批判,阿细跳月和祭火等仪式几乎都销声匿迹了。近年来,沉寂很多年的阿细跳月和祭火仪式又重新复苏,但这些仪式已经不仅仅是婚俗或祈福消灾的简单原始仪式,而是带有表演性质,获取经济利益成为主要动机。随着生产生活方式的改变,原有的实用性目的渐渐蜕化为一种审美仪式,其形式虽然犹存,但其内在的意义已经被消解或置换,原始的功能几乎荡然无存,特别是在市场化条件下,乡村文化产品的生产目的完全不是实用,在趋迎消费者和符合社会主流文化的意识下,成为一种符号消费。

准公共文化产品供给方式的多元化发展,能很好地衔接国家公共文化服务的政策目标与地方文化保护发展的问题,对当地社会稳定也大有裨益。这些类型的公共文化产品的社会功能,一是增强社区的凝聚力和文化认同。陈春声等对广东潮州的樟林社神崇拜的研究、郑振满对福建莆田江口平原神庙祭典的研究等,都较充分地说明了这类活动"敬神明、和乡里"的社会功能。这些活动是乡村伦理教化的载体,如江西农村祠堂的年终聚会、云南禄村的洞经会和花灯会表演、湖北老贺集的花鼓戏,这些公共活动在其娱乐的表象之下,与宗族性的地方因素连接在一起,其暗含的意义是在祖先崇拜的文化下提供一种集体生活的意义系统。二是具有政治稳定的社会功能。根据武雅士、华琛、王斯福等人类学家对汉人社会神明崇拜和祭祀仪式的研究,揭示了乡村中神明信仰与仪式如何体现了王朝秩序,及其在建立和维系乡村社会秩序方面的功能①。在一些农民自行组织的演出队表演中,体现出复制正统秩序的功能,其内容除了展现乡村社会的婚姻问题、养老矛盾等话题外,还不断穿插有赞颂"政务公开""四群运动"等时政内容。"一方面,地方以一种向心方式起源,并用于将社会—文化的多样性整合进一个国家的结构;另一方面,地方又会以一种离心方式出现,由此也有利于草根社会庆典文化的创造,有利于地方的社会—经济活动。"②三是实现经济上的资源共享和社会风险平滑功

---

① 刘志伟:《地域社会与文化的结构过程——珠江三角洲研究的历史学与人类学对话》,《历史研究》2003 年第 1 期。

② 王铭铭:《走在乡土上——历史人类学札记》,中国人民大学出版社 2003 年版,第 124 页。

能。乡村的生产特征之一是产出很低,风险涵盖了生产和生活的各个方面,既包括与生产过程相关的农业风险,也包括生活中的风险,诸如疾病、养老等风险的冲击,加上他们资源的可得性和从事产业的脆弱性,对生计安全有强烈的需求,必须依赖既有的资源来平滑风险,其所居住的社区就是风险平滑的主要资源。村民间的社会交往,既是娱乐的方式,也是相互间资源的一种储存强化方式。在遇到现金困难的时候,由于较低的储蓄率和正式金融保险机构的进入障碍,村民的跨时期消费平滑依然主要在社会网络内进行,特别是邻里亲戚间的借贷最为普遍。因此民俗活动在经济上的意义也可理解为社会网络内风险统筹的需要。这些措施具化为生活中传统的人情往来、生活共济等模式。人们通过婚礼、满月酒、过寿、丧葬等仪式中的民俗活动,构筑社会关系网,通过这些私谊性、临时性的人情往来寻求社会关系资源。乡村社会民俗活动十分强调宗族伦理意识,实际上就是通过这些活动,进一步使基于血缘和地缘的社会资源更加牢固。例如少数民族的酒俗十分繁复,一方面表达对生产生活的热爱之情,另一方面加强人际的交流。贵州黔东南自治州的苗乡侗寨,有"无酒不成礼,无酒不成席"的规矩,在节日里有报酒、敬酒、拦寨酒、拦门酒、迎客酒、送客酒。红喜席,有嫁别酒、分家酒、换酒、酒歌酒、定亲酒、贺儿酒。白喜席有慰问酒、陪葬酒、酬劳酒、别魂酒、祭祀酒。日常席,有火塘酒、平伙酒。还有结盟议事时的歃血酒、议榔酒。少数民族对酒俗的重视,一方面反映出其生活、宗教的观念,另一方面促进了村庄内部的社会资源的流动。

第三节　最优供给与次优供给

西方经济学的理论阐释了公共产品供给的理论,提供了公共产品供

给的最优模型,但在复杂的中国农村的现实条件中,这些完美的假设条件
不存在,次优供给才是合宜的选择。

一、公共产品供给理论

西方经济学对公共产品供给进行分析的理论主要有:布坎南俱乐部
理论、蒂布特地方公共产品模型、奥尔森集体行动的逻辑、奥斯特罗姆的
多中心论等。1965 年,布坎南(Buchanan)发表《俱乐部的经济理论》,该
理论把地方辖区比作俱乐部,分析了实现地方辖区最优规模的条件:首
先,随着新成员的加入,现有辖区居民所承担的成本将由更多成员分担;
其次,新成员的加入会使辖区变得拥挤,辖区提供的公共服务变得更加紧
张。因此,辖区的最优居民规模应当确定在这样的水平上:因新成员加入
而节省的边际成本恰好与新成员加入所带来的边际拥挤成本相等。布坎
南把介于公共物品和私人物品之间的非纯公共物品或混合商品,称之为
俱乐部产品,认为公共产品并非像古典经济学家认为的那样只能由政府
提供,而是既可以由政府提供,也可以由私人提供。1968 年,布坎南通过
对美国农业社区进行实证研究,认为在收入水平提高的情况下,"俱乐
部"产品可以私人产品化。而随着技术的进步,原先的公共产品有可能
会向私人产品转化。①

蒂布特的地方公共产品模型由美国经济学家蒂布特(Charles
Tiebout)提出。1956 年蒂布特在《地方支出的纯粹理论》中,认为地方政
府的竞争能促进公共产品的供给。② 蒂布特模型就是指人们为了使自己
的效用最大化,总寻找地方政府所提供的公共产品与所征收的税收之间
的最佳组合,当它们发现效用最大化的目标时,便会选择集聚在这一辖区
内生活。蒂布特模型通过居民对社区的选择,即居民迁徙和流动特征呈

① James M.Buchanan,*An Economic Theory of Clubs*,Economica,New Series,1965(32).
② 曹荣湘:《蒂布特模型》,社会科学文献出版社 2004 年版,第 12 页。

现从公共产品供给差的区域流向公共产品供给状况较好的区域,找到的公共产品与自己的经济水平、税负能力和心理期望相匹配,这个过程即"用脚投票",间接显示了居民的偏好和税负能力,通过人员的自由流动,能达到如在市场上选购私人产品一样的效果,形成最优地方公共产品。蒂布特的地方公共服务均衡模型突破了公共服务供给中政府垄断和消费者被动接受的思维禁锢,设计了地方公共服务的偏好显示机制,引入了"消费者选择",从而在地方公共服务的供给中引入了竞争机制,对于探索解决公共服务供给不均等、提高公共服务供给效率具有很大帮助。

美国经济学家奥尔森(Olson Mancur)集体行动的逻辑理论认为,在一个集团范围内,收益是公共性的,即集团中的每一个成员都能共同均等的分享它,而不论是否付出成本。集团越大,分享收益的人就越多,实现集体利益而进行活动的个人分享份额就越小,经济人或理性人都不会为集团的共同利益采取行动。[①]

奥斯特罗姆(Elinor Ostrom)从小规模公共池塘问题入手,在进行了大量案例研究的基础上,提出了自主组织和治理公共事物的观点。奥斯特罗姆的多中心体制认为,为了克服公共产品供给领域中的低效问题,在公共产品供给部门中引入市场竞争,构建政府、市场和社会三维框架下的多中心治理模式。[②]

二、最优供给:基于理论的完美状态

通过对公共产品"虚拟供给曲线"的分析,西方公共产品最优供给理论认为:虽然每个消费者负担不同的税收价格,但他们享有等量的公共产

---

① [美]曼瑟尔·奥尔森:《集体行动的逻辑》,陈郁、郭宇峰、李崇新译,上海三联书店1995年版,第30页。

② [美]埃莉诺·奥斯特罗姆:《公共事物的治理之道:集体行动制度的演进》,余逊达、陈旭东译,上海三联书店、上海出版社2000年版,第74页。

品,从而公共产品供给的帕累托最优条件,是所有消费者的边际替代率之和等于公共产品生产的边际转换率。一般认为,公共产品的最优供给,是指公共产品的供给量和供给价格应确定在何种水平上,才能满足消费者的需求,使消费者效用最大化,达到公共产品的供求均衡①。许多经济学家对最优供给提出了自己的理论模型,由特定的帕累托最优解发展到一般的帕累托最优解,进而又考虑到了社会福利函数的最优解,最终形成了较为完整的公共产品最优供给理论。

经济学家们给出理论的阐释,从供求均衡关系对公共产品资源配置效率目标进行研究,例如"庇古模型",以基数效用为基础,认为消费公共产品的边际效用等于税收的边际负效用。影响力较为深远的是"林达尔模型",瑞典经济学家埃里克·罗伯特·林达尔 1919 年发表《课税的公正》,引入私人竞争性市场均衡分析框架分析公共产品的配置,建立了局部均衡模型,从公共产品成本分担的角度,阐述了公共产品供给税收价格的形成过程。在林达尔均衡模型中,公共产品价格并非取决于政治选择机制或者税收,而是在假设理性人的条件下,对供给水平和成本分配进行反复博弈和反复议价,即个人按照自己的偏好对公共产品供给备选方案进行"投票",并以愿意付出的税收支出承担相应的公共产品成本。形成一个均衡税负分配比例,这样的价格就是"林达尔价格",在这样的价格(或税负比例)下,博弈双方对公共产品的数量和需求会形成均衡点,即"林达尔均衡",这是公共产品供给的最优状态。林达尔机制为市场化供给公共产品提供了一个逻辑上可行的解决方案,即每个个体根据自己的真实偏好和公共产品带给自己的效用支付价格。

但是林达尔均衡存在以下问题:由于公共产品的非竞争性和非排他性的特征,个体即使不支付税收也能享有公共产品,存在"搭便车"动机,

---

① 林万龙:《中国农村社区公共产品供给制度变迁研究》,中国财政经济出版社 2003 年版,第6页。

因此倾向于隐瞒真实需求。1969 年,萨缪尔森对林达尔均衡理论提出了批评,他认为,因为每个人都有将其真正的边际支付愿望予以支付的共同契机,所以林达尔均衡产生的公共产品供给均衡水平将会远低于最优水平,从而降低了公共产品配置效率。萨缪尔森对公共产品的最优供给量进行了一般均衡分析,认为公共产品的最优配置,是政府提供的公共产品的数量在边际产量上的边际成本应等于每个人愿意为这一边际公共产品支付的税金总和,"各个消费者的边际替代率之和等于产品的边际转换率"。萨缪尔森的均衡是以下面三个假设为前提:假定政府可以完全控制资源配置;假定政府的财政机构拥有消费者的完全信息,了解每个个人愿意为公共产品支付的价格;假定每个个人愿意披露自己对公共产品的真实偏好。这三个假设,在实际生活中是很难存在的。

林达尔和萨缪尔森的均衡,都强调个人需求偏好对于公共产品有效供给的重要性。要达到公共产品的最优供给,就必须考虑消费者对公共产品的需求状况,由于消费者和供给者之间存在着信息不对称,供给者无视消费者的需求,就无法达到公共产品的供求均衡,也就无法实现公共产品最优供给。

另外,公共产品最优供给存在"效用"问题,萨缪尔森将效用理解为"一个人从消费一种物品或服务中得到的主观上的享受或有用性"。效用是消费者需求得到满足的一个度量,公共产品作为一种资源再分配方式,通过消费者效用的实现完成其功能。但是由于效用的标准并非完全出于经济的考量,因此难于度量,而且因自然环境、地理位置、经济能力、个体特征等不尽相同,不仅对公共产品的需求类型和程度存在差别,而且效用程度的差异性也极大。

三、次优供给:合宜的现实选择

根据以上分析,公共产品的最优供给理论以纯公共产品为研究对象,以帕累托最优为均衡状态,以个体对公共产品的需求完全披露为前提。公共物品供给的决策应通过"用手投票"的公共选择机制或"用脚投票"的蒂布特模型的制度安排,使得公众对公共物品支付的意愿能够得到真实的表达和尊重,从而使公共产品提供达到最佳规模。实现农村公共产品供给的配置效率目标,本质都要求公共产品必须实现供给与需求的资源均衡配置效率,并充分提高农村公共产品供给资源的有效利用程度。目前在我国的农村,严格的假设约束条件难于实现,由于绝对理性的不可能、偏好显示的不完全以及信息不对称等,在实际生活中很难实现最优供给。因此,"用手投票"和"用脚投票"这两种机制均存在不同程度的失灵。

公共产品次优供给,即非完美状态下的公共产品供给,一方面,大量供给的是非纯公共产品,理论模型中纯公共产品供给在现实中很少存在;另一方面,在进行农村公共产品供给决策时,选择符合农村文化特征的供给模式,即在公共产品供给过程中,建立适宜的民主表达机制,强调运用民主机制进行公共选择,供应部分地方性公共产品。民主机制作为一个政治过程出现于供给链条中,虽然能最大化地显示消费者对公共产品的偏好信息,从而达成公共产品供求平衡,但是也增加了供给决策的成本。然而只要整个供给中,收益大于成本,仍然是可行的方案。

第四节 基础性供给与特殊性供给

关于公共产品的供给主体,无论是普通的公共产品,还是文化公共产品,都有着政府、市场和自愿供给三种选择。选择适宜的公共产品供给主体,由以下因素决定:第一,交易成本。从节约交易成本的角度看,根据边际投入与边际产出的消长,即可决定谁是合宜的提供者,如果政府组织提供公共产品的内部交易成本大于市场交易成本,则由市场来提供。Rablen 研究了公共产品供给主体选择问题,他指出基于效率原则,如果公共产品供给的市场交易成本大于政府内部交易成本,则由政府来垄断公共产品的供给,通过税收筹集资金,并由全体公民免费消费,将外部收益内部化。[①] 第二,公共产品的特征。由于公共产品非排他性和非竞争性的特点,通常认为私有市场在提供公共产品方面有很大的局限性,因为个别经济主体没有激励机制参与公共产品的提供,政府通常被认为是公共产品的主要有效提供者。但现实生活中,纯粹的公共产品很少,大量存在的是准公共产品。准公共产品由于受益人相对固定,外溢范围通常限于少数利益相关者,因而可以通过将少数受益人联合起来,通过共同费用分摊,实现利益内在化。第三,路径依赖。公共产品的供给在长期的历史过程中形成了一定的模式,经过不断的试错和纠错,这个模式有一定的合理性,尤其是公共文化产品供给,由于强烈的地域性特征,路径依赖模式更为突出。路径依赖也表现为一定历史时期内政府的管理政策对现在供给的影响,由于长期实行城乡分治的二元经济结构和管理体制,导致城乡公共产品差距增大,农村建立健全的公共产品供给和服务体系还需克服很多的困难。

在考虑到以上因素的前提下,可以确定适宜的供给主体。在现实世界中,政府作为"经济人"的多重目标函数和市场的缺陷必然是需要考虑的问题,而文化产品的特殊性和偏好性也是必须考量的因素。

一、主体性价值被遮蔽下的公共文化产品供给

农村公共文化产品在社会发展中既承担着大众娱乐职能,也发挥着社会教育、政治动员、价值认同等社会治理功能,尤其体现着意识形态的

[①]　Rablen,D.A.,Tax Evasion and Exchange Equity:A Reference-Dependent Approach,*Public Finance Review*,2010,p.3.

建构作用,即以传播主流意识形态为主,在特定政治体系所要求的维护国家稳定、文化安全等方面发挥作用,还承担着传递特定的文化主张,强化公众对国家、社会及其政策的认同。英国民族主义学者安东尼·史密斯(Anthony Smith)认为,一个国家的主流意识形态"是由地区(人们居住特定地点中的生活方式)、网络(区域内与他人互动的脉络)与集体的记忆所构成",它"通常由国家机器所主导,藉由教育、媒介、历史与神化的建构,塑造着人们应有的价值观和秩序,召唤着人们对某些象征符号产生认同及归属感"。① 政府提供的农村公共文化产品不可避免地体现出政府的意识形态建构,但作为受众的农民,除了对社会理性和社会价值观的普遍认同外,还有一套自身的价值观。农民的价值分为本体性价值和社会性价值,本体性是关于人的生命意义的思考,是如何处理个人与灵魂的关系问题,基于农耕社会的特点,外在形式上表征为对祖先崇拜和传宗接代的极度重视。社会性价值是关于个人在全体中的位置及所获评价,要处理的是人与人以及人与社会的关系问题,关于个人如何从社会中获取意义的价值,表征为农民受他人评价的日常生活意义。现有的农村公共文化产品单一地体现出政府的意识形态,忽视了文化产品对农民主体性价值的观照。在农村公共文化产品的提供中,农民的文化权利处于被安排的状态,农民集体失语,成为沉默的大多数。

农民主体性价值观被遮蔽,实质是对农村文化价值的忽视。中国是一个农耕社会,虽然社会经济结构发生着迅速的改变,但农村文化仍然是中华文化的根基,"礼失求诸野"的表述,表明乡村精神与中国传统文化存在隐秘恒久的渊源关系。近代以来,中国被动地卷入现代性进程,由于中国现代性是后发嵌入式的,缺乏自我生发机制,历经多次暴风骤雨的革命后,在本土文化与全球文化的适应中产生种种不适与焦虑。时至今日,

---

① Anothony D.Smith, *Cultural Foundations of Nations: Hierarchy, Covenant, and Republic*, Oxford: Blackwell Press, 2008, pp. 121-122.

在本土性和现代性之间,依然经历着被撕裂的双向痛苦。在西方主义的主流话语中,本土文化产生了对自身的质疑,尤其是贬抑乡村文化,而对乡村文化的贬抑,实质上是对中华民族整个文化意义和文化系统的贬抑。国家公共文化产品供给实质上是延续了一贯的贬抑乡村文化的思路,因此,在产品的设计中,表现出两种倾向,一是内容上表现为意识形态的植入,忽视农村现有的文脉,二是态度上表现出对农村文化的居高临下。

　　农村公共文化产品供给的主要问题,一是供给不足和结构失衡共存。受国家发展战略长期向城市倾斜的影响,农村文化公共产品供给不足的现象尤为严重,农村地区文化基础设施落后,文化建设和公共文化服务欠缺,政府"缺位"和"越位"现象突出,资金投入不足,政策制定滞后。农村公共文化产品供给主要表现为总量不足和结构失衡的问题。总量不足是由农村经济发展长期处于低水平均衡的状况和政府投入较少造成的。乡村公共文化产品供给不足是长期博弈下低水平均衡的结果,政府的公共投资水平很大程度上取决于前一期农村经济发展水平,而农户居住的分散性和低水平的组织化程度,使得农村公共投资对经济增长的贡献率低于平均水平,这势必会在下一期降低公共投资在公共财政中所占比例,进一步降低公共投资对农村经济增长的贡献率,农村公共投资将收敛于一个较低的水平,带来供给效率的低下。[1] 农民对公共产品的可获得性差,供给方关注于整体的供给方式和供给数量,较少考量农户个体的可获得性。

　　结构失衡主要体现在村民所需要的公共产品供给不足,而为满足地方各级政府的政绩和利益需要的一些公共产品却相对过剩。在政绩考核、职位升迁及经济利益等基层政府部门及其干部自己的目标函数的驱动下,各级干部可能会利用掌握的权力,提供并不一定适合农民需要的公

---

[1]　陈池波、胡振虎、傅爱民:《新农村建设中公共产品供给问题研究》,《中南财经政法大学学报》2006年第4期。

共产品,最终造成农村公共产品供给与需求的错位,使丰富多彩的农村文化消费扁平化。

农村公共文化产品供给的第二个问题,是单一的垂直供给体系下的利益分歧。我国现行的农村公共文化产品供给的决策机制是自上而下的行政命令式,根据国家相关部门的决策,公共文化产品按照"中央—省—市—乡镇—村"的序列层层下达。农户、地方政府和中央政府作为公共文化产品的利益相关者,各自的核心利益并不一致,地方政府往往追求政绩效用最大化,农民追求生产生活条件改善。但在供给的层级系统中,虽然农民是农村公共文化产品供给的主要利益相关者,但意识形态在公共生活空间过度越界,决策方式依靠行政命令,农民没有机会在公共产品供给决策中表达自己的真实偏好。由于没有表达平台和表达的合宜方式,农民在整个系统中处于"不在场"和"失语"的状态,只能服从于政府的政治、经济目标偏好,导致农民福利的净损失。

在公共文化服务领域中,长期以来在制度安排上一直存在着公共部门垄断、市场准入壁垒、寻租和公共福利减损等诸多问题,应当重新认识公共文化服务的属性,考虑其生产和供给的可分割性,考虑各种可选择性因素,建立公共文化供给的多种模式。

二、政府的基础性供给

现代西方政治学说关于政府或国家起源的理论中,影响最为深远的是由霍布斯和洛克开创的契约理论,这个理论有着悠久的历史,得到较多的认可,认为国家制定契约和规则,提供的基本服务是博弈的基本规则,国家是第三方立场,起着使社会福利最大化的作用。

诺思认为:"国家的存在是经济增长的关键,然而国家又是人为经济衰退的根源,这一悖论使国家成为经济史研究的核心。"诺思解释说:"没有国家办不成事,有了国家又有很多麻烦。"这种现象被称为"诺思悖

论"。诺思悖论表明了国家在经济生活中的重要作用,同时揭示了国家
在经济活动中的多重角色和各种目标函数之间的冲突。国家在制度创新
过程中起着十分重要的作用,是推动创新的基本动力之一,但同时国家的
多重角色决定了其目标的多元化。国家的目标在于既要使统治者的租金
最大化,又要降低交易费用使全社会总产出最大化,这两个目标存在
冲突。①

　　政府是农村公共文化产品供给的主体,包括中央政府和地方政府。
中央政府供给的公共文化产品中,最重要的是制度供给。根据经济学的
假设,制度是稀缺资源,因为产生制度的约束条件难于满足,国家提供制
度资源有极大的优势。首先,由于制度"物品"具有共享资源特征,有公
共产品的性质,因而制度的供给由政府进行最为合适,国家提供的制度就
可以有效地解决困扰经济活动的"搭便车"行为。其次,国家现有的组织
制度可以使制度创新的成本最小化,而且推广这一制度的成本也可以最
小化。改革的初始阶段,政府是制度的主要供给者,因为相对于其他参与
博弈的非政府主体而言,政府在资源配置方面拥有绝对的优势,政府主体
可以借助行政命令、法律规范及经济刺激,来推进和规范制度的安排与实
施。在联产承包责任制的推广中我们看到了国家制度创新及推行的绩
效,发端于农民个体行为的制度变迁,有很大的风险,其合法性受到质疑,
而一旦国家认可并强制推行,这一制度就很快在全国范围内推广并取得
极大的绩效。而20世纪50年代政府强制推动的农村合作化运动则可以
看作是一个截然相反的案例,国家运用其制度资源优势和暴力潜能推广
的合作制度,带来了灾难性的后果。再次,良好的制度供给,有利于实现
经济增长和政府稳定,政府有通过制度变迁来降低交易成本与使社会产
出最大化的持久动力,改革的路径、方向等取决于制度供给者的偏好和效

---

① [美]道格拉斯·C.诺思:《经济史中的结构与变迁》,陈郁、罗华平等译,上海三联书店
1991年版,第25页。

用最大化。最后,政府在解决由于制度变迁引发的利益集团冲突方面具有优势,政府的政治动员与强大的意识形态宣传对化解危机有极大的作用,同时还可以利用垄断租金进行利益格局的调整。

从供给者角度看,政府直接生产公共产品,是参与社会资源配置的过程。作为一种资源配置的方式,其效率条件也应该满足市场配置资源的条件,即帕累托最优效率条件。然而政府配置要实现这个效率条件,必须以下列假设条件成立为前提。第一,理性政府的假设。即假设政府充分了解其国民的偏好及其分布,这种偏好包括消费者需要公共产品的种类及数量,在此基础上,政府可以制定出最优的税收政策,通过征收无扭曲税来为公共物品的生产融资。第二,个人效用函数的可加总性。政府可以从个人效用函数中归纳出一个社会福利函数,即存在一个社会福利函数,它是个人效用函数之和。政府可以通过最大化总的社会福利函数来实现社会帕累托最优。第三,"仁慈"政府的假设,假设政府是一个完全的利他主义者。然而,现实中政府不可能是完全理性的,政府也不是一个完全的利他主义者,官僚理论认为政府也是一个经济人,它有自己的部门利益,当部门利益与社会利益不一致时,政府可能为了得到自己的利益而损害社会利益。在自上而下决策机制的作用下,政府的行为选择自然对农村公共产品有着很大的影响。

供给主体(政府)和需求主体(农民)的行为选择对农村公共产品供给产生的作用表现为:农民的行为选择通过影响需求表达而作用于农村公共产品供给;政府的行为选择通过影响供给决策而作用于农村公共产品供给。经济学家拉丰(Laffont)在研究中将公共产品的供给问题的实质归结于公共产品的偏好表露激励和供给管理激励。认为这两个问题解决好了,公共产品的有效供给问题也就迎刃而解,他认为必须建立上述两个问题的最优激励机制。

在公共文化服务领域,政府依然有着强烈的意识形态动机。政府目前的重心不是垄断公共文化产品供给,而是在公共财政保障的前提下,实现制度供给和政策保障。公共财政是稀缺性资源,政府只能提供基本公共文化服务,不能包揽一切公共文化事务。加之文化产品具有特殊性,是偏好性极为明显的产品,政府供给存在与需求不匹配的问题。

从显性的方式看,农村公共文化产品是政府主导的制度变迁。政府设置制度变迁的基本路向和准则,实施制度供给。诺思认为,制度供给就是一种新制度的生产者在制度变迁收益大于制度变迁成本的情况下设计和推动制度变迁的活动,它是制度变迁的生产者的供给愿望和能力的统一。

地方政府一般指省、县、乡级政府。若将地方政府视为理性经济人,它有最大限度追求公共利益为本区域服务的动机,因此会不断提高公共文化产品的供给质量和供给效率。但由于地方政府的政绩考核等任务,其提供公共文化产品趋向于显性最大化和时效最大化等特点。虽然从总量上能增加文化产品的供给,但可能会进一步恶化供给的结构,导致资源的浪费。

如果从制度经济学委托代理的视角来分析,可将政府与民众之间视为契约安排,人们选择不同的契约安排,是为了使交易成本最小,合理分布激励与风险,使资源的配置最优化,并且形成规模化和规范化的管理。根据诺思的理论,政府在推行制度变革时有两个目的,一是建立一套有利于自身统治的政治制度,从而保证政治组织的报酬递增;二是保证社会成员的收入最大化和经济组织的报酬最大化。然而上述两个目标常常是冲突的,也就是说政治组织和经济组织的报酬递增要求不一致,有时政府追求自身报酬的结果是经济的衰退,也就是说政治组织的报酬递增是以经济组织的报酬递减为代价。当出现这种情况,制度变迁就会陷入锁定(Lock-in)状态,政府就会成为经济衰退的根源。

政府身兼多重角色,所以,政府的偏好不可能是中性的,多种角色的行为目标也不可能完全一致,其行为往往发生偏向。而对整个社会来说,试图建立一系列的制度安排来界定政府的不同角色之间责、权、利的界限,制止政府利用自身制定和监督实施社会规则的特殊地位来达成自身利益的最大化,其成本是极其高昂的。

国家供给也存在代理成本问题,代理人是一个理性人,存在利己动机,追求自身效用最大化,加之委托人与代理人之间信息的不对称,因此在零成本条件下,确保代理人作出对委托人而言的最优决策是不可能的,容易产生道德风险问题,委托人需要支出监察和约束成本。而且,代理人的决策和委托人的福利最大化之间总有偏离,这种偏离导致的委托人的福利水平下降被称为"剩余损失"(residual loss),这些构成代理关系的成本。以这样的视角来观测,地方政府具有双重代理的性质,既是辖区内居民利益获取的代理人,又是上级政府的代理人。当两方代理人的利益诉求和行为目标发生冲突时,地方政府往往陷入"囚徒困境"的博弈,在某些情况下,还会作出"角色逃避"的选择,导致消极和无效率的公共文化产品供给。

三、俱乐部产品与集体行动的达成

贺雪峰认为,村庄是一个共同体,共同体由三种边界构成:一是自然边界;二是社会边界;三是文化边界。自然边界构成人们交往的空间与基础,当前村委会一级的自然边界一般都很清晰。社会边界是对村民身份的社会确认或法律确认,具有村籍就具有村民的公共待遇,例如承包集体土地、从村集体收益中享受再分配的好处、村庄和村民之间互相负有权利与义务。文化边界即村民是否在心理上认可自己的村民身份,是否看重村庄生活的价值。[①] 村庄作为社区共同体,通过价值体系共享等方式获

---

① 贺雪峰:《新乡土中国》,北京大学出版社 2013 年版,第 55 页。

得公共文化产品,确立社会凝聚力,其成员在获取公共文化产品的同时获得成员身份的象征化表达。当把村落作为基本分析单元时,村落是否有提供公共文化产品的意愿,以及如何提供公共文化产品,可以观察到农民集体行动的逻辑。

公共产品实现最优供给的前提在我国农村难于实现,当政府和市场机制不能构建满意的供给与需求关系时,农村自组织能够发挥它的独特作用,为成员提供市场或公共部门不愿提供的服务或要素等,提供准公共文化产品,或者俱乐部产品。农村自组织作为政府、村集体组织之外的另一个供给主体,实现农村公共产品的供给,有经济合理性。也就是说,俱乐部产品容易达成集体行动,原因如下:

首先,俱乐部产品受益群体固定、地位平等、信息对称、外溢性比较小,不宜于政府或私人供给,相关利益群体供给是适宜的选择。在俱乐部内部,成员对产品具有相同的偏好性,自愿形成资源共享。俱乐部产品能有效地形成排他,能将非会员排除在产品的受益范围之外;俱乐部产品具有某种程度的竞争性,在达到拥挤点以前,其消费具有非竞争性,而达到拥挤点以后,会员之间的消费具有竞争性。因此,俱乐部产品的特性决定了政府和私人提供不具有现实性和有效性,而农民通过自组织,成为此类产品的相关受益者,是最适宜的供给主体。

其次,农民通过自组织供给俱乐部产品能有效地克服偏好显示机制缺失的问题。偏好显示机制是供给决策是否合理的基础,有效的偏好显示机制能反映农村公共产品供给利益相关主体的要求,使决策的最终结果向各方利益均衡靠拢。相反,偏好显示机制的无效或缺乏则会使决策的结果严重偏离目标和农民的利益。[①] 当前农村公共产品的供给往往与农民的需求不匹配,一些农民需求度不高的产品供给过剩,而农民急需产

---

① 陈小安:《农村公共产品供给决策机制:现状、问题与对策》,《西南民族大学学报》2005年第4期。

品却严重供给不足,这种供求之间的失衡起因于供给主体偏好与农民需求的偏差。农民可以通过一定的方式和组织媒介,有效供给俱乐部产品,克服由于供给主体与受益主体偏好偏差带来的问题。农民对产品的需求是明确的,作为俱乐部产品的直接受益者,由于缺乏适当的渠道,其偏好往往不能真实地表露。农民为了实现某一群体的共同利益,因此提供能够实现农民自身偏好的加总、显现、表达和满足,农民通过这个平台能有效地表达自身对俱乐部产品的需求和支付意愿。

再次,农民供给俱乐部产品能有效地克服信息处理机制缺失问题。信息处理机制包括信息搜集、信息传达、信息披露、信息沟通的机制,能使信息及时反馈到决策机关,同时使决策机关的意图、政策目标等信息迅速准确地传达给政策执行机关和公众。目前自上而下的公共产品决策方式下,信息搜集能力弱,信息系统运行效率低。在俱乐部供给机制中,由于与自身的利益相关,农民更有动力搜寻相关的信息,信息的搜集、处理、披露都能快速而有效地传达及反馈。单个的农民来提供这种产品显然是不合理的,农民合作提供俱乐部产品是适宜的选择。

最后,地方性知识有利于提高供给产品中的合宜性和效率。"地方性知识"(local knowledge),不仅仅是指任何特定的、具有地方特征的知识,而且它还涉及在知识的生成与辩护中所形成的特定的情境(context),包括由特定的历史条件所形成的文化与亚文化群体的价值观,由特定的利益关系所决定的立场和视域等。

俱乐部的最优规模是成员的边际成本与边际收益相等,如成员增加导致边际成本增加,则边际收益下降,俱乐部出现拥挤特性。农村村庄作为一个共同体,具备天然的俱乐部最优规模优势,村庄的人口、形态、空间特征等都具有相对的静态性,从心理结构来看,长期的血缘、地缘纽带塑造了集体记忆和共同情感取向,偏好性相对一致。虽然随着社会经济的发展和剧烈变迁,一些村庄的形态发生了极大的改变,但是即使是城郊的村落,由于共同的经济关系,例如涉及村集体的分红、村庄土地的开发等问题,村民的内聚程度仍然比较高,共同的价值观念和文化记忆也比较紧密。因此,将村庄作为俱乐部产品供给的基本单元是适合的。当然,村庄的形态是不断发生变化的,尤其是许多沿海村庄,工业已经取代农业成为最主要的收入来源,这些村庄正在变为半城市化的社区,并接纳了大量的外来人口。但由于文化变迁速率比较慢,在这些区域,村庄的基本特征依然保留。

村庄有许多共同的文化活动,如祭祀、娱乐等,历史上村庄的活动大都是由士绅提出方案,提供或募集资金,村民提供劳动力。村民以劳动力替代资本的方式长期成为农村公共产品的主要供给方式,除了公共文化产品,也以这样的方式提供了水利、道路、桥梁等其他基本的农村公共产品。农村税费改革以后,这种方式发生了极大的改变,政府成为对农村公共产品的供给的主导力量,但是在政府供给的产品中,文化类的产品依然处于供给的最低序列。由于文化产品的特殊性,村民自我供给仍然是最有效率的方式。在文化产品的自我供给中,村民对于劳动力的支出持认可的态度,例如修建庙宇、祠堂等活动,村民以家庭为单位提供劳动力是普遍的方式。这种情况的存在是传统农业部门中剩余劳动力的沉淀导致劳动边际生产力低下,致使农村劳动力的机会成本趋于一致的结果。[①]这种现象在经济学上得到了很好的解释,在刘易斯的人口流动模型中,存在一个前提条件,即劳动力无限供给。发展中国家一般具有资本稀缺、土地相对有限以及人口增长快速等特点,在农业中,资本投入不足而劳动力十分丰富,劳动生产力的边际生产率往往为零甚至为负,这些劳动力为剩余劳动力,因此对劳动力的供给持认可的态度。

随着农村社会经济的变革,大量农民离开土地生产,成为城市打工者

---

① 肖赞军、柳思维:《中国农村非正规劳动合作的演进》,《经济学家》2007 年第 1 期。

群体,原来趋于一致的机会成本发生分化,以家庭为单位的劳动力支出越来越困难。通过对农村宗教、祭祀类建设来看,更多地采用了集资外包的方式进行,在资金筹集上一般采用捐赠的方式,村民根据自身经济状况、在村中的声望及对项目的偏好自愿出资,工程建设则采用外包给施工队的方式。如果建设资金投入较多,俱乐部产品超出村庄受益范围,则成本在村际甚至更大范围内之间实现分摊。

第三章 影响农村公共文化产品供给的要素分析

农村公共文化产品的供给是一个非常复杂的系统,从机制设计来看,最直接影响公共文化产品供给的因素是供给决策机制。除此之外,也与区域经济发展和收入水平相关。从微观层面看,村庄特征与乡村社会资本在公共文化产品的供给中作用非常显著。新的时代背景下,城镇化与社会流动对公共文化产品供给提出新的内容要求和新的挑战。这些要素对分析公共文化产品供给提供了特别的视角。

第一节 供给决策机制与需求披露机制

供给与需求分别位于市场的两端,对公共产品的研究就是要通过对供给和需求的分别考量,找到二者的均衡,因此,供给决策机制和需求披露机制是研究公共文化产品供给的焦点问题,也有助于揭示公共产品供给的内在机理。

一、供给决策机制约束下的供给

公共产品与一般私人产品供给的差异在于:私人产品的供给由市场

决定,而公共产品的供给除了市场外,最重要的另一个决策变量是政治过程,即供给的决策机制。公共产品供给决策是指公共产品供给主体就供给的类型、规模和方式达成一致,并作出决定的动态的行为过程。公共产品供给决策机制是指在公共产品供给决策过程中形成的规则和制度体系,包括决策程序和方法、决策主体及权责分配、决策前的偏好显示机制、决策信息沟通机制和决策监督机制。

从理论上来看,公共产品最佳的供给决策是采用威克塞尔的模式,即对每一项公共产品进行单独融资并且由公众承担相应的税负,但是高昂的决策成本使得这个模式在现实生活中不可行,因此,公众会授权政府提供公共产品。

追溯公共文化产品供给机制的历史来看,我国原有的乡村社会经济结构内生出一套公共文化产品和服务供给的成熟路径,这条路径在长达数千年的过程中不断纠错,根据现实需要调整,逐渐得到了精致化的修筑,能有效提供较小范围和差异化的公共文化产品。在经历现代社会的剧烈变动后,这套系统逐渐走向崩析。我国农村公共文化产品主要采取供给主导型决策机制,政府基于公共资源的配置能力,根据其对公共产品的偏好和理解,根据效用最大化原则,确定公共产品的数量、结构、范围、种类,向农村供给公共产品,在供给决策中,虽然也考虑到相关社会需求,但政府的意愿和能力是决定性的因素。

现有的供给主导型决策机制的建立在以下假设的基础上,一是民众并无意愿参与决策过程,或没有合宜的民众参与机制,社会组织力量弱小,所以民众参与加大了决策成本并降低了决策效率。二是将个人偏好合总成为社会偏好是不可行的,加之存在某些个体对公共产品的非理性预期的问题。三是民众对公共产品的偏好显示容易失真,政府比民众更了解真实需求。

目前的供给决策机制决定了供给产品的特性:一是只能供给基础性

公共文化产品。基础性的公共文化产品指的是现有的公共文化服务体系保障的文化公民权利还仅仅体现为基本公共文化产品的获得和基本公共文化生活的参与等方面,有关公民文化能力成长等深层次的发展问题较少涉及。二是只能供给"中位偏好"产品,"中位偏好"即多数人的偏好,意味着很多需求差异性被忽略,而且随着受益范围的扩大,被忽略的需求差异性就越多。由于公共文化产品的差异性比普通公共产品的差异性更大,在这样的供给决策系统中,差异性、地域性文化产品无法供给。

二、需求披露机制约束下的供给

公共产品根本上是为了满足需求,而需求能否得到表达是影响公共产品供给的关键性因素。消费者对公共产品真实需求的反映就是"偏好表达"(preference-revealing),由于消费者在公共产品中倾向于隐瞒真实偏好,偏好如何通过相关机制得以呈现是公共产品能够高效供给的前提,这个过程就是需求偏好披露的过程。偏好披露机制就是针对公共文化产品的供给,相关利益者如何表达自身需求并被产品供给者接收和反馈。

农民是农村公共产品的受益人,但作为个体的农民倾向于隐瞒需求。首先,由于公共产品具有消费的非竞争性、受益的非排他性、效用的不可分割性等特征,个体即使不支付税收也能同等地享有公共产品,据此个体不会产生坦露自己的真实需求的激励,而只有隐瞒自己的真实需求的激励,以减少其税负的支付额,在公共产品供给过程中,个体的这种搭便车动机很难消除。第二,确定个体所承担的税负比例,事实上就是一个与之讨价还价的过程,这一过程是否可以实现并最后达成一个大家认同的公共产品需求量是未知的。根据阿罗不可能定理,农民通过投票的政治过程来建立公共产品表达机制是不可能实现的,即从不同个人偏好次序中合理地形成单一的社会偏好是不可能的,不可能存在适用于所有个体偏好类型的社会福利函数。

农民倾向于隐瞒个体需求,但却希望个体需求和公共产品的需求达到合一,如何从个体需求中决定出社会需求,并提供相应的公共产品,是公共选择理论探讨的问题。事实上,需求偏好披露机制是存在的,典型的有"用手投票"的林达尔均衡模型和"用脚投票"的蒂布特模型,这两个模型反映了个人需求如何转化为公共需求,为公共文化产品供给提供了理论依据。

林达尔均衡既是公共产品供给的经典模型,也是公共产品需求偏好表达的机制。这个模型将公共产品的供给与政府的政治决策过程相联系,林达尔均衡和蒂布特模型看似完美,却是在严格的假设条件下产生的。林达尔均衡假设每个人都能准确知道自己的偏好,蒂布特模型假设地区之间的财政存在竞争性和流动性,居民可以自由迁徙,居民使用的相对税负高低对等以及社区间没有溢出效应等。由于真实生活与完美假设之间存在偏差,还需要设计更加可行的制度和机制,实现从个体需求产生、个体需求表露、社会需求这样递进的链条。以布坎南为代表的公共选择理论提供了某些思路,该理论的重要贡献在于将经济分析运用到政治决策过程中,认为在公共产品决策中,公民不能直接显示自己的偏好,需要通过现代民主制度在集体行为和个体行为之间架起桥梁,这个机制设计是解决问题的核心所在。

在现有的制度框架内,中央政府层面和地方政府层面均没有相应的机制设计,农民没有合理机制在公共产品供给决策中表达自己的真实偏好,形成非意愿消费下公共产品供给。但是在村级层面,农村税费制度改革以后,以社区自主决策、成员分摊供给成本为特征的"一事一议"成为表露农民公共产品偏好、解决村级公共品供给问题的主要制度安排。这个制度的设计初衷是为了充分提供村级公共产品,激励农民表达自身偏好,作为村级公共产品供给的表达渠道。2007 年,政府提出公共服务的"一事一议"制度,"一事一议"是指农村的公益事业和公共产品供给决议,由村民大会或村民代表大会集体讨论得出,并筹集所需资金和劳务。

"一事一议"的制度设计的合理性在于,由于受益范围很小,村民的偏好容易表露。"一事一议"的主体是村民委员会,村民委员会是自治组织,在其组织法中,明确规定村委会办理本村的公共事务和公益事业,但是由于其基本职能和运行原则与乡镇政府一致,村民委员会并不力图在村民与行政系统中保持平衡,而是倾向对上一级行政部门负责,因此"一事一议"设计的社区内公共产品供给的初衷未能实现,反而转化为村民与基层政府的博弈,基层政权与村民成为两个博弈主体,通过对基层政府和村民行为动机的分析,可以看出双方的供给公共文化产品的意愿都较低。

基层政府的行为动机受到多元因素的影响,其中税费改革对基层政府的行为动机产生了直接的效应,政府层级间的财政关系发生很大的变化。基层政府由向农村收取税费维持运转的"汲取型"或"半汲取型"政权演变为依靠上级政府转移支付的"悬浮型"政权。[1] 基层地方政府的债务问题日益严重,其行为特征趋向以招商引资等方式扩大财源,而非供给公共产品。即使"一事一议"达成公共产品供给决议,需要基层政府审批并筹集一部分资金,并且付出管理、组织、协调等成本,因此,基层政权对供给公共产品采取消极的态度。而在供给公共产品的优先序中,文化类的公共产品经常被排在末尾,供给的紧迫性和一致性都低于其他类别的产品。如果没有上级政府对文化公共产品的扩大转移支付和行政命令,这类产品被提供的意愿是最小的。

村民的行为动机受到供给制度的影响表现为,在供给公共产品中,村民倾向选择"不供给"作为最优策略。作为参与博弈的个体农民,认识到个人的选择仅仅是提供偏好信息,不直接影响选择结果,即个体的选择与

---

[1]　周飞舟:《从汲取型政权到"悬浮型"政权——税费改革对国家与农民关系之影响》,《社会学研究》2006 年第 3 期。

最终结果之间不存在精准的一一对应关系。而与之博弈的村民自治组织的资源配置权很大部分是由乡镇政府控制,村委会成为政府机构的代理人存在。基于这样的制度设计,村民对社区公共事务和公共产品的影响力和控制力很弱,倾向于节约组织成本和交易成本,隐瞒自身偏好。另外,在经济发展的主流话语中,村民也倾向于自动削弱对文化产品的需求。

"一事一议"作为一种制度创新,由于外在制度并未随之变革,在双方的博弈中,公共产品供给形成村民和基层政府都选择"不供给"作为占优策略,从而形成纳什均衡,未能摆脱低水平和非效率均衡,对村民需求偏好表露的意愿难于实现。

第二节　村庄特征与经济发展

当把中国农村作为一个同质整体建立分析框架时,抽象掉了农村经济社会发展和收入状况的差异。当把经济差异作为独立要素分析时,可以发现何种类型的村庄在公共文化产品供给中能达成集体行动,实现公共文化产品的供给,与村庄的经济发展水平和村庄的特征有密切的关系。

一、作为基本研究单元的村庄

村庄范式是中国乡村研究的重要特点,村庄研究范式是指以村庄为边界的民族志方法,全景式地"深描"村民的生产、生活、文化、婚姻、宗族、商贸等经济社会活动和行为。[1] 村庄在中国社会有着重要的意义,对于汉人社会研究,乃至整个中国经验研究而言,"村庄"是一个非常重要

---

[1] 邓大才:《超越村庄的四种范式:方法论视角——以施坚雅、弗里德曼、黄宗智、杜赞奇为例》,《社会科学研究》2010 年第 6 期。

的分析架构,历经百余年的学术锤炼,有着极为丰富的内涵和理论表述,已经成为中国人类学家和世界汉学家非常方便和有力的操作性工具,是汉人社会研究对世界人类学所作出的一个重要理论贡献。[①]如马林诺夫斯基在为费孝通《江村经济》作序时所说"通过熟悉一个小村落的生活,我们犹如在显微镜下看到了整个中国的缩影"。

把村庄作为分析的基点,在于把村庄视为一个独立的共同体或社区的逻辑起点。持这种观点的学派,一是以吴文藻为代表的燕京学派,秉承结构功能论的社区研究理论,把村庄看作是一个自主的运转系统,由若干子系统构成,每一个子系统承担着特定的功能,在系统的运转中,保持着整体的稳定性。二是以日本学者为代表的实体主义观点,认为中国的村庄是一个具有内在权力结构、宗教组织和信仰合一的共同体,从而研究中国乡村社会的起点应从村落开始。实体主义学派的研究与政治目的有极大的关系,19世纪40年代,日本满铁调查主要运用村落共同体的概念在华北展开其研究。

村庄社区或共同体的概念,影响了当时一大批研究中国乡村社会的学者,包括费孝通的研究也深受影响。1939年出版的《江村经济》(*Peasants' Life in China*)一书中,把村庄作为一个社区来研究,"村庄是一个社区,农户聚集在一个紧凑的居住区内,与其他相似的单位隔开相当一段距离,它是一个由各种形式的社会活动组成的群体,具有其特定的名称,而且是一个为人们所公认的事实上的社会单位。"费孝通也在书中明晰表达了选择村庄为研究单位的方法论意义,一是把研究的空间限定在一个小的单位来进行,容易接近被调查者,以便能够亲自进行密切的观察;二是中国已经进入世界共同体中,通过观察村庄与世界经济的动态关系,有利于探讨外来力量及其所引起的社会变迁。书中对村庄农民生活

---

① 杜靖:《作为概念的村庄与村庄的概念——汉人村庄研究述评》,《民族研究》2011年第2期。

作了一个全景的展示,描述了开弦弓村的亲属制度、财产制度、职业状况、劳作日程、农业状况、土地占有、手工业变革等情况。以农民传统生活为背景,从村庄内部的社会结构探讨了社会变革的力量。费孝通在书中说道,"这是一本描述中国农民消费、生产、分配和交易等体系的书,它旨在说明这一经济体系与特定地理环境的关系,以及与这个社区的社会结构的关系。"①费孝通的另一部著作《云南三村》也是以村庄为研究单位,开创了村落类型比较的研究方法。

以村庄为基本单位的分析范式也受到一些诟病。批评者认为,村庄模式采取切片式的分析方式,很难将时间纳入分析框架,且在特殊与一般、局部与整体、微观与宏观之间形成难于打通的断层,这在一定程度上削弱了分析能力。1962 年,弗里德曼(Maurice Freedman)在皇家人类学会上发表"社会人类学的中国时代"的演讲,指出了村庄研究的缺点,对此提出批判,他认为,"进行微观人类学研究的人类学家,不要以局部概论全体,或是满足于历史的片段,不求来龙去脉"。

因此,人类学家应该在更大的空间范围内和更广时间里对中国社会与文化的宏观结构与历史进程进行探究。但村庄分析模式作为一种习惯和传统被广泛接受,成为研究乡村问题的主流范式,其学术传统一脉传习至今。村落研究产生了一批典范之作,老一辈人类学家如林耀华 1934 年出版的《金翼》(A Clan Village in Fukien,1944 年改名为 The Golden Wing: A Family Chronicle),许烺光 1948 年出版的《祖荫下:中国乡村的亲属、人格与社会流动》(Under the Ancestors' Shadow),杨懋春 1945 年出版的《一个中国村庄:山东台头》(A Chinese Village Taotou,Shantung Province),杨庆堃 1959 年出版的《共产主义转型初期的一个中国村庄》(A Chinese Village in Early Communist Transition)等都是以村落为载体的乡村研究的典

---

① 费孝通:《江村经济》,北京大学出版社 2012 年版,第 10 页。

范之作,当代学者如王铭铭、赵旭东、阎云翔、熊培云、吴毅等对村庄研究也颇有建树。

二、村庄文化特征、经济水平与公共文化产品供给

经济发展水平和收入水平常常被作为村庄公共文化产品供给的最主要变量。一般认为,经济发展水平高的区域基础设施较好,农民对文化产品的需求度更高,同时经济发展水平较高的区域地方公共财政能力和农民自我供给的能力和意愿都较强,相应地,文化产品的供给会增加。但是经过经验验证,村庄的经济发展水平与公共文化产品的供给并非呈现完全的正相关关系,在某些案例中,甚至出现负相关关系。

因此,村庄公共文化产品的供给分析中,经济发展水平并非唯一的变量,必须纳入村庄其他特征进行观察,例如村庄规模、村庄密度、宗族结构等要素在经济发展水平同一的情况下,如何对公共文化产品供给构成影响。以平野芳太郎为代表的实体主义者,认为中国的村庄是一个具有内在权力结构、宗教组织和信仰合一的共同体。现今中国社会已经发生了复杂的变化,宗族关系、经济关系的变化,使农民的组织和集体行动变得更加复杂。但是这样的基本判断仍然具有一定的意义,因为中国乡村社会的变化,仍然是有规律可循,经济发展与文化发展两条线索常常时而并进,时而交索。

村庄的文化传统、宗族结构等,都构成对村庄的文化认同的基本要素。在具体的分析中,可将村庄的这些特征化约为文化认同,分析文化认同、经济水平对文化公共产品供给的影响。村落的形态,包括地形地貌等外在的地理特征和规模密度等社会特征,与生产力发展水平、生产组织方式、社会文化心理等特征相互塑造。帕克·沃斯的城市社会学以及雷德菲尔德的乡村社会学都考察居住样式在空间上的规模、密度、异质性,以及它们分别如何造就社会距离和族群隔离、社会关系和角色、社会排挤和

社会圈子等。①

典型村庄的形态具有内聚紧密的特征,从村庄的历史形态和形成特征来看,村庄的形成主要囿于地缘和血缘关系,内部成员往往都处于村庄的社会关系网络和血缘关系网络中,相容程度较高。此外,村庄的宗族关系保持程度也较高,南宋"文制复兴"运动将朝廷的祭祖活动推广至民间,实现宗族庶民化,明代中期以后达到鼎盛阶段。宗族的社会功能中包括了宣扬尊君、祀神、崇祖和睦族等项,宗族关系对村庄社会的文化认同塑造起到很重要的作用。当然,宗族关系对文化认同的塑造程度并不是均质的,宗族发展在地域上呈现不平衡关系,江南和华南地区宗族力量比较强大,而华北则相对薄弱。此外,宗教也塑造着村落居民的文化认同,尤其是信仰村落保护神的区域,例如云南大理地区本主信仰,每个村都有自己的保护神,称为"本主",村庄内部的文化认同感更为强烈。现代社会在很大程度上解构了宗族和宗教等要素的影响力,但村庄居民的文化心理结构的形成经历了很长的历史过程,因此,这些要素仍然是村民文化认同的重要来源。

根据村庄的内部结构对供给公共文化产品的意愿影响,可分为以下四类:第一类,紧密内聚型村庄提供公共文化产品的意愿最高。这类村庄的特征是同质性较高,社会流动少,经济分化不严重,或虽有经济分化的现象,但宗族等要素能在一定程度上抹平经济的沟壑,或者说宗族关系能跨越经济差距。这类村庄文化认同性高,有利于促成农民集体行动的达成。第二类,提供公共文化产品意愿很高的村庄在经济结构上与第一类相反,这类村庄经济发达,但经济发展反而促进了村庄认同感,加之一部分富裕村民能提供较多的资源,包括物质资源与社会资源,促进公共文化产品的供给。第三类,村庄经济差异较大,认同度比较低,村民分化程度

---

① Wirth, Louis, *Urbanism as a Way of Life: The City and Contemporary Civilization*, Chicago: Chicage University Press, 1964, pp. 60-83.

高,对具有特质性的公共文化产品的需求不高,或者其文化需求能从城市或其他途径得到满足。第四类,村庄经济发展水平较低,在公共产品的需求序列中,文化产品的需求,因其弹性较大,被置于其他需求之后,村民对提供公共产品的意愿也较低。因此,研究假设认为,影响村庄公共文化产品供给的要素,村庄认同与经济发展水平作为内生变量,它们的不同组合形成了公共文化供给水平的差异性。文化认同高的村庄,无论经济发展水平高下,都与公共产品供给呈正相关关系。还有一种类型的村庄,其经济发展程度一般,但是在可资利用的资源中,由于其他资源的不可得性,文化资源成为一个主要资源,希望通过村庄内具有特质性文化资源的供给,成为突破经济发展停滞陷阱的机会,在这个过程中反过来进一步强化了文化认同。

另外,村庄规模、村庄密度也是文化产品供给的条件,规模和密度决定了村庄公共产品的边际效用。根据"集体行动的逻辑"的推断,在条件不具备的情况下,集体行动很难达成,虽然集体行动的逻辑与农民合作虽然存在着悖论,在村庄层面农民就公共文化产品供给能达成合作的案例层出不穷,合作从潜在状态变为现实,必然有其内在的逻辑。奥尔森认为,要实现集体的行动,以下三种情形下比较容易达成合作:一是相容性集团比排他性集团容易达成集体行动。当集团利益趋于一致时,容易达成集体的行动。二是小集团比大集团更容易组织起集体行动。奥尔森认为,当群体成员数量变得非常大时,个体从为群体利益的行动中所获得的收益份额将变得微不足道,创造集体产品的行为就会终止。因此,集体规模是决定集体行动的主要因素,集体规模越大,提供集体产品的数量或可能性越小。另外,组织成员生活在一个静态社会,其行为偏好很容易被观测到。在重复博弈的情况下,理性的农民能预期到,相较于欺骗而言,诚信能带来更多的经济和社会收益,因此普遍对声誉十分重视,这就有效抑制了机会主义行为动机。三是具有选择性的激励集团比没有这种机制的集团更容易组织起集体行动。奥尔森发现,存在相当程度不平等的小集团中,即在成员的规模不等或对集体物品的兴趣不等的小集团中,集体物品最有可能被提供,因为某个成员对集体物品的兴趣越大,他能获得的集体物品带来的收益份额就大,即使他不得不承担全部的成本,他也会提供这种集体物品。奥尔森实质指出了集团成员的异质性是集体行动得以成功的一个条件,这类似于智猪博弈的一个局面。

以上条件对分析村庄公共文化产品供给提供了逻辑上的答案,从这个逻辑出发,在村庄组织是明确的相容性集团的前提下,村庄的小规模和村民成员的异质性可以解释第二类村庄容易达成公共文化产品的供给,得益于农村社会的分化和收入差距扩大。当然,加入其他的变量,例如距离城市的远近、传统文化资源的强弱程度等,会产生不一样的结果。

第三节　社会资本与民间权威

社会资本理论起源于社会网络的研究,社会网络是指一个由某些个体(个人、组织等)间的社会关系构成的相对稳定的系统,而整个社会则是由一个相互交错或平行的网络构成的大系统。[①] 农村社会资本是公共文化产品供给实现的社会条件,而民间权威或者称为农村社区精英是公共产品供给实现的枢纽和关键人物。

一、乡村共同体的社会资本优势

帕雷托这样定义社会资本:社会资本指的是社会组织的某种特征,例

①　Granovetter,M.S.,Economic Actions and Social Structure:The Problem of Embeddedness,*American Journal of Sociology*,1985,p.91.

如,信任、规范和网络,它们可以通过促进合作行动而提高社会效益。①
因此,社会资本是建立在信任和互助合作基础上的社会关系网络,具有社
会结构资源的性质,因为人们在建立规范、社会网络和信任的过程中投入
了大量的时间、金钱和精力,包括情感,所以首先它应该是一种资源。这
种资源是可以产生回报的,也就具备了资本的特征。社会资本可以作为
生产投入带来产出,从这个意义上,社会资本与物质资本、人力资本没有
什么差别,在社会资本中,信任、互惠和合作构成其主要要素。

　　"共同体"是德国社会学家斐迪南·滕尼斯创造的概念,"共同体"的
全体成员拥有精神方面的共同感受或记忆,成为紧密联系彼此的纽带。
农村社会资本来源于它的"共同体"特征,这个特征形成了乡村的意义。
在长期的演化过程中,乡村意义由"历史感"和"当地感"构成。"历史
感"是指村民由于祖祖辈辈耕耘在村庄里,少则数百年,多则上千年,形
成了对村庄历史共同的情感取向。而"当地感"是对村庄空间的占有和
依赖的意识,地理空间成为社会关系空间的载体,表现为地域上的稳定性
和封闭性。②"历史感"和"当地感"以土地使用为黏合剂,在时间和空间
的二维框架中构建了乡村的意义世界。时间和空间是社会文化现象不可
或缺的基本要素,有其独立性或内在的逻辑,被视为每个文化先验存在的
基本分类。由时间和空间建构的乡村意义成为维持乡村社会运转和解释
村民行为逻辑的一套完整自洽的意义体系,乡村文化就是在这个意义体
系中生长和绵延,是乡村意义的显化形态。在以土地利用为主要生计方
式的传承中,乡村的时间意义通过"集体记忆"(collective memory)表现出
来。集体记忆是一个具有自己特定文化内聚性和同一性的群体对自己过

---

　　① [美]罗伯特·帕雷托:《使民主运转起来》,王列、赖海榕译,江西人民出版社2001年
版,第10页。
　　② 杨华:《绵延之维——湘南宗族性村落的意义世界》,山东人民出版社2009年版,第
121页。

去的记忆,涂尔干的学生哈布瓦赫(Maurice Halbwachs)超越了生物学视角,把"集体记忆"理解为可以遗传的或"种族的"记忆,使关于记忆的研究从生物学框架转向文化框架。"集体记忆"通过各种仪式得以塑造和延续,在乡村社会中,这些仪式是祭祖、节庆、婚丧嫁娶等活动。乡村社会这种天然的情感结构,省去了符号和意义理解上的障碍,成为集体行动共有的基础和黏结性的社会资本。

另外,乡村社会的人际网络联结方式和静态性特征,也形成了一种社会资本优势。农业产业的特性对农民分散性和静止性的特征有重要的影响,由于农作物对自然条件依赖性强,对时间、空间有严格的要求,因此分散经营是较为适宜的方式,特别是农业生产与土地"不可分"的自然特性、地理位置的专用性使程序化、集中化的生产和决策可行性差。农民的静止性特点是由土地的静止性决定的,土地是农业社会最重要的资源,因此,土地的静止性决定了农民的非流动性,进而塑造了农民的行为特性。传统社会是一个流动性小的熟人社会,农民之间世代相知,在重复博弈的基础上,农民以亲缘为核心的交往方式能最小化风险,实现资源的优化配置。在一个由血缘、亲缘、宗族和乡规民约等深层社会网络联结的乡土社会中,农民的人际交往是以亲缘关系为纽带的。费孝通先生认为,相对于西方社会的"团体格局",中国传统的乡土社会的社会格局是"差序格局",即农村社会的交往体系是按照与自己亲缘关系的亲疏来安排的,亲缘关系也成为农民人际交往的纽带。传统农业社会中的农民,由于从小生活在一个相对小而确定的社区中,在这样一个静态的社会中,每人各自的行为特点及家族历史很容易观察,因此,个人和家族的声誉对每一个都很重要。人际交往非契约性,而是长期交往中对对方的观察,如果发生欺骗行为,将会有很高的成本,声誉决定了村民在本社区中生存的质量和其他村民对他的生存期望。口碑相传是农村中重要的评价方式,而且有很高的约束能力。农村社会的活动范围常常是在熟人社会中发生的,博弈对局反复多次进行,参与人都能观测到博弈过去的历史,参与人在短期利益和长期利益之间不断权衡,机会主义动机的收益往往会抵消更多的长远利益。①

二、民间权威及其行动逻辑

精英是一个社会分层概念,帕雷托认为,社区精英可定义为社区中那些具有特殊才能、在某一方面或某一活动领域具有杰出能力的社区成员,他们往往是在权力、声望或财富等方面占有较大优势的个体或群体。② 在中国社会,农村社区精英指的是在乡村社会拥有较多经济、文化、社会资源的人群,并且在国家与下层民众之间起到中介和斡旋的作用,一般由几部分构成:一是乡村管理体制中产生的各级政府在乡村的代理人。二是血缘宗族关系中形成的德高望重的长者,如族长等。三是在乡村中有较大影响力的知识分子群体,他们占有更多文化符号。这几类精英可能在个体的身份上实现重叠,也可能分离。农村精英身份的微妙之处在于,他们与基层政权有着正式或非正式的联系,熟悉体制的运作规则与潜在规则,又深谙地方的社会结构、价值观念和行事逻辑。农村社区精英与民间权威略有区别,后者强调其非基层权力结构的身份,而以名望、品德、传统地位在特定的文化中形成的权威人物,即占有道德和文化资源较多的群体,或者依靠经济能力崭露头角,具有号召力和影响力的人物。

乡村在明清以来一直存在两种类型的"权威",一是正式的村庄领袖,由村民选出,或由州县或府衙任命,这些人被称为"社长""乡约""地方"等。他们实际上是政府在基层行政组织的代理人,主要为乡村控制

---

① 张维迎:《博弈论与信息经济学》,上海人民出版社2005年版,第12页。
② 帕雷托:《普通社会学纲要》,田时纲译,生活・读书・新知三联书店2001年版,第62页。

的目的服务。① 另一种类型是非正式的领袖,即"民间权威",其声望源于乡邻的支持,并在乡村公共事务的决策中常常起着重要的影响力。长老和知识分子是传统的乡村权威人物,尤其在人数多、实力较雄厚的宗族中,长老往往享有很高的声望。乡村知识分子在科举系统中获得一定地位,虽然未赋官职,但因学术成就和帝国政府体系的官职升迁体系紧密相连而获得声望,这一部分人往往被称为"士绅"阶层。

在少数民族地区,宗教领袖作为民间权威,其意见在村庄事务中的作用也至关重要,例如纳西族的"东巴"和彝族"毕摩",是人神沟通媒介的"巫",但同时他们发挥着知识分子的功用,彝族的"毕摩"不仅在祭祀祈祷中承担重要角色,还整理典籍,传授文字;纳西族的"东巴",集歌、舞、经、书、史、画、医为一身,是纳西族的高级知识分子,他们甚至发展出一整套与现代科学观念迥异的宇宙观和自然观。

乡村民间权威,是沟通国家与乡村社会的重要链条。长期以来,乡村社会以血缘为纽带,以传统习俗和道德维系文化的再生产,士绅通过科举和财富获得地方性权威身份,成为文化再生产的枢纽人物。民间权威除了是社区公共事务的组织者和主持者之外,在文化事务方面发挥着尤其重要的作用,是乡村文化的持有者和传播者,对乡村文化的延续发展功不可没。他们致力于文化教育,以设立学堂等方式传承和延续地方文化,成为乡村社会的知识吸收与知识扩散的平台,使文化教育和文化持有权下沉,改变了上流社会垄断文化教育权的状况,同时对保存地方性知识起到积极作用。除此之外,还承担起管理社会的公共职责,如慈善活动、管理庙宇祠堂等公共文化机构、兴建水利等公共工程、维持社会治安、民众教化与调解等。

① 萧公权:《中国乡村:论19世纪的帝国控制》,张皓、张升译,联经出版事业股份有限公司2016年版,第317页。

民间权威也是乡村文化利益诉求的表达者和承载者。任何一种文化，都需要生产社会系统符号的人，乡村社会里，士绅即这样的人，是乡村秩序和乡村文化的维护者。19世纪中期以来，尤其是在新学堂取代科举制度的变革中，作为传统社会基础的士绅阶层发生了剧烈的分化，从根本上动摇了传统社会的根基。科举制度废除，原有上升渠道制度性解体，逼使他们不得不另谋生路。① 传统乡村士绅的分化表现在：除了部分继续进入仕途外，向工、商、军、学甚至下层社会分流。乡村士绅在整个意义符号系统里的地位非常重要，但生产意义符号的这部分人消失，相应文化系统也就不能维持存在的合理性。士绅阶层表达了乡村文化的一种自信，"这样的自信，只会存在于那些相信自己是文化传统当仁不让的继承者的人们身上。""当帝国垮台而滋养这种精英自信的社会和文化制度也随之崩溃以后，这样的胆识也就变得更为稀缺了。"②

随着乡村社会结构和社会关系完全改变的现实，乡村文化的组织和承载系统的逐渐消失，乡村社区的文化凝聚力发生变化。尤其是20世纪80年代以后，在经济发展的主流话语中，村庄的认同多元化，原有的文化、声望等要素都被焦虑的经济发展所取代，在大部分村庄中，村庄认同经济化，地方文化如宗族等依然是隐形的身份认同的要素，但是经济的成功在相当大的区域已经成为地方权威人物的权威力来源。地方权威们主要是在农村中先富裕起来并在当地有一定影响力的人，如种养能手、私营企业老板、个体大户等，他们在集体行动中依据自己的资源，对当地经济发展有一定的带动作用，增加了公众的福利。一部分文化精英与经济精英合一，仍然享有极高的声望，另一部分只持有文化资源的人逐渐在村庄

---

① 朱新山：《试论传统乡村社会结构及其解体》，《上海大学学报（社会科学版）》2010年第5期。

② ［美］孔飞力：《叫魂：1768年中国妖术大恐慌》，陈兼、刘昶译，生活·读书·新知三联书店、上海三联书店2012年版，第291页。

公共话语中消失。近年来,在乡村文化产业和消费社会的推动下,乡村文化重新获得关注。作为农耕文明培育出来的中国文化,具有田园或乡村的美学传统,在迅猛的城市化进程中,乡村情结作为一种集体的记忆深植于民族意识深处,当这种情结与社会消费趋势吻合时,乡村就超越了地域的概念,成为文化乡愁的源头而被赋予某种象征意义。在这样的情况下,乡村占有地方性文化资源较多的人物再一次获得在民间的权威和话语权。

民间权威在公共文化产品供给中的作用机理,体现了如何利用社会资源的过程。在公共文化产品的供给中,针对制度供给的不足,乡村权威人物提供了一种社会资源,这种社会资源具有补充或替代政府的正式制度供给的功能,作为润滑剂降低了交易成本,从而实现效率的提高。例如在公共文化产品的融资中,民间权威可以凭借其良好的社会关系网络和社会信任筹措资金。民间权威的社会资本还可以弥补契约的不完备性,由于制度供给不足、信息不对称和信用制度的不完善,导致契约双方的行为难以得到约束,在某一方违约时而不承担相应的违约责任,造成契约的不完全。民间权威的社会资本降低了发生契约纠纷的可能性和节约了重新谈判(或缔约)的事后成本,形成有效的监督与约束机制来规范行为主体的信用行为,避免契约行为主体严重的逆向选择和道德风险行为。

由于公共文化产品的特殊性,乡村权威的个人号召力,对地方性文化资源的了解,是推动实现供给的重要力量。从其个体的动机出发,民间权威的社会资源在组织内的运用,使得其他的组织成员受惠,增加了公众的福利的同时,也给自己带来回报。正如哈定定义的政治企业家,他们发现为有关团体提供集体利益符合他们的私人利益。这些私人利益中很重要的一方面是寻求认同感,及乡村社会对权力、权威的敬仰给乡村权威带来的个人和家族的满足感,这种满足感同样被认为能增进效用,尤其是在中国有宗族传统的乡土文化背景下,由于相对强大的政权对基于血缘和地缘组织的挤压,对宗族社会的解构达到空前。因此,乡村对民间权威人物在承担社会责任方面有更多的期望,民间权威也能得到更多的认同感,这就有助于解释民间权威行动的逻辑。

第四节　社会流动与结构转型

土地产权关系、人口与土地关系变化及其流动,以及农村人口的数量和结构的分析,是判断农村公共文化产品应当如何供给和供给什么样的产品的一个重要依据,从安土重迁的传统到乡村劳动力出现大规模转移和流动,带来的农村人口行为转型及消费变迁是相应的文化产品发生变化的深层次原因。

一、传统农村人口模式

费孝通先生对中国社会有一个基本判断,认为中国社会是乡土性的,乡土社会的特征之一是世代定居,成了一个生于斯、死于斯的社会,常态的生活是终老是乡。[①]"乡土中国"经费孝通先生提出和界定,得到越来越多社会学者的认同。乡土中国的核心在于"土",即土地。乡土社会结构的深厚根基深藏于农耕经济,经济活动黏着在土地上,围绕着土地制度,衍生形成了相应的分配制度及其他一整套相关制度,以及更为抽象的文化形态。中国乡村文化的根源可追本溯源到土地资源的利用和土地制度,时至今日,以土地变革来分析乡村社会文化变动,仍然是最有说服力的解释。乡土社会在土地利用的调试过程中酝酿出一套自给的意义系统和价值体系,形成了一个超稳定的社会结构,"世代继替""差序格局""礼

---

① 费孝通:《乡土中国》,人民出版社 2008 年版,第 5 页。

俗秩序"便是乡村意义系统的行动逻辑。

"乡土中国"的判断从经济根源上说明了土地资源利用和血缘家族的结合,构成乡村社会的均衡,长期以来乡村社会保持着稳定状态,如果没有外力的介入,这种稳定的状态会一直持续下去。当然,随着制度和技术的演进,乡村社会也发生着演变,但是,只要以土地为中心的生产生活方式未发生改变,乡村社会的演变就十分缓慢,反之,以土地为中心的变革必然会导致社会经济结构的变动,进而改变乡村文化和社会意识。

传统的农业社会具有资本非常稀缺、土地相对有限等特点,清代前期以来,人口快速增长,但农业部门的外延性受到限制,劳动力跨界转移几乎不可能,资本投入不足而劳动力十分丰富。由于没有疏解的有效途径,发生农业内卷化,即通过无限投入劳动力提高产量,不断增长的人口只能在有限的土地上劳作,耕作趋向精细化和复杂化,力图在农业内部自我消化新增人口,而这一部分新增的产量被不断增加的人口吞噬。现代经济学的贫困陷阱理论可以解释这种现象,即经济体面对恶性的贫困陷阱,人均产出增长被人口增加抵消,人均收入水平被人口增长摊薄,生活水平维持在生存状态。农业剩余也被增加的人口吞噬,农业生产率很低,没有积累去发展,农业劳动力的边际生产率降低到零,甚至成为负数。苏联经济学家恰亚耶夫的自我剥削理论也是建立在对这种现象的观察之上,他认为,农民倾向于过多地向土地投入劳动时间,以至于他的所得低于他所付出的成本,在这个意义上,他们在剥削自己的劳动。自我剥削的扭曲行为,并非源于农民的非理性,而是由于土地市场和劳动力市场存在制度缺陷,在双重制度缺陷下,劳动力无法流动,土地的资源配置效率很低。

农业内卷化的一个解决方案,是通过技术进步打破均衡陷阱的"临界最小努力"。有的国家,例如英国,由于工业革命在技术上的突破和随后的制度突破,打破均衡状态,成为经济强国。中国内生出的技术改进,例如对农业精耕细作,提高农业产量,但这种改进不足以打破均衡,形成

"高水平均衡陷阱"。

因此,中国农村社会长期以来的基本给定条件是人口过剩,农业生产长期陷于内卷化的困境,即"李嘉图定律"描述的单位劳动与资本投入的边际报酬递减。自从清末以来,人口压力是经济结构和社会结构变迁的直接动因。在农业社会,人口压力表现为人口与土地之间的比例关系、人地比例的动态演变,社会结构、国家与地方关系博弈,以及生育行为、民风民俗等围绕着人地比例的动态演变发生型构。技术手段无法解决的矛盾需要通过调整资源占有来达成新的平衡,周期性的社会动荡释放土地压力而骤生的社会矛盾,经过动荡、各方博弈,重新取得动态平衡,同时开始了下一轮社会动荡的酝酿。新中国成立以后的集体化运动,人口压力是推动集体化的动力之一。上山下乡运动是城市人口压力向乡村疏解的结果,城市的生产力不足以承载过剩人口,通过在乡村土地上投入大量劳动力提高总产量,但实际上边际生产力是下降的。

既然人口压力造成了极大的社会问题,农村社会为什么没有形成控制人口增长的社会机制,反而发展出"多子多福"的社会伦理观,并因此依据生育行为确定了妇女在社会系统中的地位? 费孝通从农业技术的角度进行了解释,他认为在以体力来耕种的技术条件下,在农忙的季节即使动员全村的劳力还是不够,要维持农作劳力的需要,农村不能不养着大量的人口。而在以蒸汽、电气等作动力,以机械工具使用为特征的经济结构中,社会所需人口的数目减低。[1] 按照费孝通先生的观点,一定的人口储备是保障农业经济安全的蓄水池,因而人口的容量在社会结构中是具有一定合理性的,人的理性和社会理性发挥着机制,控制着人口的一定规模。当然,社会机制的调节作用并非总是温和的,一个极端的自然调节手段是饥荒,通过饥饿和死亡消除社会容量以外的人口,重新恢复平衡。人

---

① 费孝通:《生育制度》,商务印书馆 2007 年版,第 179 页。

为的干预也是调节的手段,如在婚姻市场提高婚姻的价格,致使部分经济情况不佳的农民成为婚姻市场中的失败者,导致作为生物个体的繁殖行为的终结。另外传统的"溺婴"行为也是调整人口的手段之一,这种手段尤其对女婴的生存不利。当人类得以进行性别选择时,男婴因为在农业社会中的体力优势而得到更大的存活机会,男性的体力优势通过性别尊卑的序列排序实现,通过建立亲属之间的亲疏制度和养老制度进一步固化男性的存活优势。

二、社会流动与公共产品政策的逻辑关联

20世纪70年代末农村社会改革前,农村积蓄很久的能量需要通过某种制度变迁来释放,因此,农业社会内生出强烈的制度改革需求。政府顺应社会发展需要在农村实行家庭联产承包责任制,极大地激励了生产力的发展,但几年后,随着制度的边际效用递减,由家庭承包经营制引发的农村发展潜力能量释放减弱,农民开始积极寻求新的收入增长方式。政府继续向前推动改革,放宽了人口流动的限制,人口流动的禁锢放开后,形成20世纪80年代以后的"民工潮"。农民纷纷离开家园,寻找非农就业机会,劳动力大规模转移和跨区域流动,由边际生产力低的乡村地区向边际生产力高的城市地区转移。数据显示,30年来劳动力非农化的平均年增长率达到8.71%,相比较来说,劳动力就业的非农化转移速度要远远快于中国同期城镇化的发展速度4.28%。目前就总规模来说,拥有农村户籍然而在城镇非农就业的劳动者规模超过了2.3亿,而且每年仍然以上千万的规模在递增。[1] 根据国家统计局的数据,到2013年外出农民工总量已经达到1.66亿,占城镇就业总量的43%。《国家新型城镇化规划2014—2020》提出,到2020年"常住人口城镇化率达到60%左右,户籍

---

① 童玉芬:《中国农村劳动力非农化转移规模估算及其变动过程分析》,《人口研究》2010年第5期。

人口城镇化率达到 45% 左右,户籍人口城镇化率与常住人口城镇化率差距缩小 2 个百分点左右,努力实现一亿左右农业转移人口和其他常住人口在城镇落户"。人力资源作为推动发展的要素,在城乡之间流动,体现出乡村与城市互为生产要素流动的容器。

　　大规模人口流动促进了劳动力市场规模的扩大,经过一段时间的高速增长以后,中国陷入中等收入陷阱的担忧,之前促进实现经济奇迹的一些有利因素呈现出边际效用递减的趋势。从人口红利来看,二元经济结构中的农业部门边际生产率水平低,劳动力从农业部门向非农部门流动带来配置效率的改善,提升全要素生产率。随着农业部门与非农部门工资趋同,由劳动力再配置带来的经济增长份额由改革开放头 20 年的每年 20%—25% 下降到 2007—2012 年的每年约 10%。[1] 前一阶段高速的经济成长,除了得益于巨大的人口红利,另一方面,也得益于非正规经济的作用。地方政府为了"招商引资",利用廉价非正规经济劳动力来吸引外来投资,这既是近年来中国经济发展的原因之一,也是严重社会不公的来源。[2] 对农民而言,这些措施包括两个方面,一是利用不清晰的土地产权制度廉价征用土地;二是规避劳动法律。进城的农民工接受低于城镇职工的低工资和不能享有城镇职工的福利和法律保障,医疗、教育等不能实现与城镇人口的均等化。但新进入的移民,在中国被称为农民工的庞大群体,并没有完全享受本地居民的社会保护和公共服务,包括公共文化服务。经过一段时间的爆发性增长以后,由此带来的潜在社会危机暴露出来,并且越来越成为牵制经济发展的短板。

　　面对经济增长速度减慢,一方面要通过刺激需求的手段,使人口占比很大的农民成为消费的动力,改变主要依赖进口的经济结构。另一方面,

---

　　① 都阳、蔡昉、屈小博、程杰:《延续中国奇迹:从户籍制度改革中收获红利》,《经济研究》2014 年第 8 期。
　　② 黄宗智:《明清以来的乡村社会经济变迁(卷三)》,法律出版社 2014 年版,第 252 页。

通过挖掘制度潜力提高潜在增长率。2014 年 6 月,中共中央政治局审议通过《关于进一步推进户籍制度改革的意见》,提出"积极推进城镇基本公共服务由主要针对本地户籍人口提供向对常住人口提供转变"的思路。目前对经济发展的理解应该转向长期经济结构调整,而非短期的刺激经济增长手段。其中,加快人力资本投资是长期经济调整的内容,青木昌彦认为,中国已经超越库兹涅茨—刘易斯阶段,正向着以人力资本积累为中心的 H 阶段过渡。①

　　针对人口流动出现的新特征和以提高人力资本为主要经济发展重心的条件下,国家宏观政策也发生了转向,保障劳动人口的基本社会权利手段之一是提供公共服务,这正是推动公共服务的政策的内在逻辑性,其中可以看到国家推动社会文化政策与经济发展阶段性的关系。公共文化服务,是为劳动力进一步和充分流动创造条件的手段之一。城镇化也是同时推进的重大政策,城镇化的根本意涵在两方面,一是通过产业发展,二是通过公共服务来重构城乡空间和城乡边界。因此,公共文化服务是全面社会经济发展宏大图景中的一个环扣,只有全面理解了中国社会经济的发展规律与政策之间的关系,才能对公共文化服务的经济发展前瞻和政策意图有深刻的了解。

三、公共文化产品供给与社会整合

　　相对于以显化形式存在的制度改革,文化的改变稍微滞后。文化滞后理论认为:物质文化和非物质文化有不同的变迁速率,从总体来看,物质文化变迁较快或较早,而非物质文化变迁较慢或较晚。文化变迁的不同步引起文化的失调,产生"文化滞后"或"文化堕距"。从非物质文化的变迁来看,由于其构成不同,也具有不同的变迁速率。非物质文化主要包

---

① 张延陶:《青木昌彦——改革见证者》,《英才》2019 年第 9 期。

括制度文化,民俗、民德文化和价值观念文化三部分。从总体变迁进程来看,制度文化总是快于民俗、民德文化,民俗、民德文化又快于价值观念文化。文化上的变化稍微滞后,但这个变化对社会的影响却更为深远。

由于经济和文化有不同的变迁速率,乡土社会变局对文化的作用,在乡村人口大规模流动发生 30 年之后,所有的影响方才显现。之前人们主要从社会和地理的隔绝来观察农村人口流动对文化的破坏作用,对农村文化的保存和发展持悲观的态度,但是另外一些分析突破了原有的刻板印象,人口流动在某种程度上不但没有削弱反而强化了乡村文化。

学界普遍认为,大规模人口流动造成了社会结构从"乡土"向"离土"转变,表征为"离土中国"的乡土社会变局的现象后面,是更深层次的生产方式变革和经济社会变化。人们关注到了由于人口流动造成乡村社会凋敝、村庄空心化、土地抛荒闲置等屡见不鲜的直观现象。在经济方面,乡村经济的边缘化,乡村社会的经济形式表现为充当城市的补充或附庸,为城市提供廉价的劳动力和廉价的农产品。经济边缘化也决定了乡村文化的边缘化,乡村社会的文化内涵在以发展为中心的现代化框架中被遮蔽和隐匿。

从空间关系来看,流动人口与原有社区空间的分离,同时也是与原有文化的分离。乡村的意义世界既与山水风貌、乡村建筑等有形之物结合在一起,又与社会规范、价值观念等无形之物紧密相连,这个意义世界成为村民安身立命的根基,也可以从这个意义世界出发,解释并理解村民的行为逻辑。因此,当"乡土中国"演变为"离土中国",乡村的空间和时间系统遭到破坏,进而破坏了乡村意义,造成了乡村意义的坍塌。

从时间感的割裂来看,在以土地利用为主要生计方式的传承中,乡村的时间意义通过"集体记忆"(collective memory)表现出来。随着大规模社会流动,以土地为中心的生计方式改变,大量村民的"离土",使建立在土地基础上的"集体记忆"逐渐变得模糊,隔断或稀释了村落的共同感情。

这些一般性的观察结论具有普适性,但是并不能囊括所有的现象。相反,在某些案例中,流动人口的文化并未完全散失,反而得以保留和强化,从迁移群体在城市中建立文化边界的事实可以看到这一特征。弗雷德里克·巴斯对族群的界定中,族群的边界并非地理边界,而是社会的边界,它对族群边界特征的经验性调查得出了两个意料之外的发现,他认为尽管人员通过地理边界在不断流动,族群社会边界仍然得以维持,绝对的族群区分并不是依赖于流动性、接触和信息的缺失,而是包括排斥与包含的社会化过程。①

遭受被移入地社区的社会排斥是流动的乡村人口的明显事实,社会排斥表现为居住地理上的隔离、经济上的歧视待遇、城市公共产品的可进入程度差、社会交往的局限性等,以及更为微妙的也更为难于逾越的文化上的差异。这些社会排斥不但没有成为瓦解族群的要素,恰恰相反,巴斯称之为族群特征的稳定、持续、重要的社会关系能穿越边界得以维持。这个理论解释了农村大规模人口流动下族群边界依然存在的事实,变迁和涵化并没有在农村人口大规模流动中产生显著的影响,而是在城市中形成了一些可以观察到的流动人口的聚居特征和他们营造的社会边界。何明等的实证研究分析了进城后的布依族如何形成具有共同语言、习俗的族群飞地,并在社会排斥中进一步强化。这些族群并未融于城市的经济产业、居住格局和社会关系之中,而是形成了以从事相同产业、聚族而居和以族内交往为主的社会网络。②

农村的流动人口,作为城市的新移民,通过经济、政治、文化上的诸多

---

① [挪威]弗雷德里克·巴斯:《族群与边界》,李丽琴译,商务印书馆 2014 年版,第 10—11 页。

② 何明、木薇:《城市族群流动与城市边界的建构——以昆明市布依巷为例》,《民族研究》2013 年第 5 期。

改变最终融入当地社区的努力是一个长期的过程。由于人力资本、产业分工上的劣势导致经济地位的劣势逐渐扭转。社会福利方面,城市公共产品对这一部分人口的可及性是改变社会地位,打破制度区隔的体制保障。经济和社会层面的整合固然重要,但最重要也最持久的整合体现在文化上,文化整合的重要意义在于为新移民提供精神支持,也在真正意义上消弭隔阂。一方面,需要形成与原社区居民共享的文化系统,但是这个过程是很漫长的,虽然移民群体进入城市空间,城市文化对新移民来说却是隔膜,是浮在其生活表面的东西。另一方面,由于族群边界在城市的建立和强化,族群的社会关系在城市复制,与自身文化相关的公共文化产品的需求仍然存在,并且由于城市文化的隔膜和不可及性,天然倾向于熟悉且带来安全感的原乡文化。这些原乡文化对他们的重要性在于在陌生社会获得文化慰藉,并激发文化的差异性意识,开始思考"我者"和"他者"的区别,从文化中获得身份认同。有助于社会的稳定和弥合进入城市的新移民的心理撕裂感。

国家决策层面意识到文化要素对这一部分群体的重要性,并做出相应的文化政策调整。公共文化服务体系建设前一个阶段的工作,以整体推进的方式,重点在于建构覆盖性的公共文化服务网络与基本基础设施。经过一段时期的建设后,基本达到了预期目标。当前阶段提出了向特殊性的区域和人群提供基本公共文化服务的政策,以实现公共服务的普惠性、均等性特征。贫困地区、边疆地区、民族地区成为基本公共文化服务的重心,同时细分服务人群,特殊群体如老年人、未成年人、残疾人、农民工、农村留守妇女儿童、生活困难群众作为公共文化服务的倾斜对象。现代公共文化服务体系建设考虑到特定区域和人群的文化权利和文化需求,并且在深圳等外来人口较多的城市进行了一些具体方式的尝试。但总体来说,国家的政策仍然集中于较为狭小的读书看报、博物馆等方面,对深层次的文化需求及其实现形式以及外来流动人口自身的文化供给并未给予关注。

第五节　公共空间与公共生活

公共领域的概念对于农村公共文化产品供给的意义在于,跳脱出哈贝马斯关于公共领域、公共空间的现代性批判和资产阶级合法性的历史语境,公共空间及公共领域是乡村社会需求表达、利益博弈的场所,是农村公共生活的生成场域和公共文化产品供给的特殊载体。

一、公共空间:农村公共生活的生成场域

公共文化与公共领域的概念具有内在关联性,公共文化产品体现出与公共空间和公共领域联系的紧密性。公共空间、公共领域是公共文化产品供给的土壤和社会基础,深刻理解公共空间,才能理解文化产品并非是孤立存在的,而是有现实的社会基础和历史绵延的传统。

公共空间和公共领域概念是从西方市民社会的学术传统一脉相承,并从政治经济领域的分析推进到思想文化领域。德裔政治学家汉娜·阿伦特(Hannah Arendt)在1958年出版的《人的条件》(*The Human Condition*)一书中,肯定了人的积极生活,以"行动"概念为核心,区分了公共领域与私人领域的不同,认为公共领域由一些能够超越社会差异属性的特殊市民组成,他们无论阶级、性别、种族或民族都可以进行平等对话。阿伦特认为,私人性的个体经验要进入公共领域,需要经过适当形式加以转换,例如通过艺术化的形式使之转变为人人能够看得见和听得见的东西。[①] 她提出的公共领域是民众共享的公共规则,而非领土或疆域的意涵。阿伦特

---

① ［美］汉娜·阿伦特:《人的条件》,竺乾威等译,上海人民出版社1999年版,第26—30页。

的学术贡献在于提出对公共领域的概念,但对此的解释有限,后经哈贝马斯的创造性论证获得突破性进展,成为被科学共同体认可的理论范式。

哈贝马斯1962年出版了《公共领域的结构转型》一书,认为随着印刷术和资本主义的兴起,在欧洲出现了以读书会等形式存在的平等、自由讨论的空间,形成市民对于公共事务的讨论,由此形成与"私人领域"不同的"公共领域"(public sphere)。哈贝马斯认为公共领域是介于国家与社会之间缓冲的一个领域。在这一缓冲地带,其"核心机制是由非国家和非经济组织在自愿基础上组成的。这样的组织包括教会、文化团体和学会,还包括了独立的传媒、运动和娱乐协会、辩论俱乐部、市民论坛和市民协会,此外还包括职业团体、政治党派、工会和其他组织等"[1]。

哈贝马斯认为所谓"公共领域",首先指的是社会生活的领域,在这个领域中,公共意见能够形成。公共领域原则上向所有公民开放,公共领域的一部分由各种对话构成,在这些对话中,作为私人的个体聚到一起,形成了公众。公众既不是作为商业或专业人士来处理私人行为,也不是作为合法团体接受国家官僚机构的法律规章的规约。当他们在非强制的情况下处理普遍利益问题时,公民们作为群体来行动。[2]

根据哈贝马斯等人的理论,公共空间既可以是一个物理空间,进一步成为社会空间,也可以是不依托物理空间存在的虚拟的社会空间。空间是一个先验性存在的状态,是一种普遍的观念结构,人类的空间组织有其独立结构和内在的逻辑性,往往又与时间等要素相互包容和相互形构,涵盖极广,"从物理学到美学,从神话巫术到普通的日常生活,空间连同时

---

[1]　[德]尤尔根·哈贝马斯:《公共领域的结构转型》,曹卫东译,学林出版社1999年版,第88页。

[2]　[德]尤尔根·哈贝马斯:《公共领域》,曹卫东译,生活·读书·新知三联书店1998年版,第125页。

间一起共同地把一个基本的构序系统楔入到人类思想的方方面面"①。空间虽然表现出先验性的存在,但它的构建与社会文化要素的运行不可分,反映着社会生产方式和社会组织形式。空间是行动的媒介与结果,也是行动、思考、生产、控制等的工具。社会的交往活动,具有某种公共性并相对固定下来时与这些社会关联,便构成了具有"社会学"意义上的"公共空间"。

法国思想家列斐伏尔认为,社会空间的诞生源于社会的生产时间及其牵涉的社会关系,并提出空间的生产、空间的表征等重要概念。指出空间从来就不是空洞的,它总蕴涵着某种意义,与生产关系紧密相连,又与这些关系影响的"秩序"紧密相连,因而与知识、符号、代码有关。"空间的生产"这一重要概念,认为空间本身是人类生产的环境,又被人类所生产。

在哈维的《社会正义与城市》一书中,作者认为空间形式不能被看成是社会过程发生中的无生命的东西,而是一种容纳社会过程的事物,就如社会过程是空间一般。② 揭示了空间形式(spatial form)与社会过程(social process)的关系。所以,空间是由整体社会结构的动态塑造的。吉登斯提出了区域化理论,认为区域的边界不仅仅是空间的物理标志或者符号标志,而且是用来指场所的时空组织以何种方式被安排在更加广泛的社会系统之中,这种区域化提供了一个时空闭合的区域,形成了某种时空社会消费的封闭性。③

"公共空间"和"公共领域"的概念,一经提出,对现有的知识图景的

---

① [美]罗伯特·戴维:《社会思想中的空间观:一种地理学的视角》,黄春芳译,北京师范大学出版社 2010 年版,第 5 页。

② [英]D.Harvey,*Social Justice and the City*,Blackwell Press,1988,pp.60-66.

③ 潘泽泉:《社会空间的极化与隔离:一项有关城市空间消费的社会学分析》,《社会科学》2005 年第 1 期。

解释产生了强大的冲击力,根据其一般原理和衍生原理,地理学、社会学、传播学、人类学等多种学科都借此建立起分析体系和中心概念,不同的学科根据自身的学术研究旨趣和学术语境,针对"公共空间"的概念、结构、功能等呈现不同的研究方法和研究范畴。哈贝马斯作为该领域的最重要的学者,"公共领域"概念是他自身学术的重要标杆;魏斐德(Frederic Wakeman)认为,"公共领域"之于哈贝马斯,正如"新教伦理"之于韦伯。同时他又指出,这二者都是"理想类型"的分析范式,而非对现实的描述。韦伯认为"就其概念的纯洁性而言,这种精神建构不可能通过经验在现实世界的任何地方发现"[1]。"理想类型"是基于经验的主观思维建构,是一种逻辑意义上而非示范意义上的纯粹类型。"理想类型"来源于现实,但又与经验事实保留着一定的距离,可防止经验对象与研究概念之间的割裂,能保持研究旨趣而不必陷入烦琐的经验验证。因此,哈贝马斯的旨趣在于批判,以理论结构的形式表现出来的对时代兴趣的探究,并通过批判得出社会生活中可供选择的优化方案。或者是对现实社会中秩序失衡的回应与反省,并内蕴可能的解决方案。

农村公共空间包含了两个层面:一是指社区内的人们可以自由进入并进行各种思想交流的公共场所。例如,寺庙、戏台、广场、集市、街头,甚至水井附近、小河边等;二是指社区内普遍存在着的一些制度化组织和制度化活动形式。例如,村庄内的农民组织、传统的文化活动、红白喜事仪式活动。作为社会学意义上的公共空间,指的是为社会内部业已存在着的一些具有某种公共性且以特定空间相对固定下来的社会关联形式和人际交往结构方式。[2]

公共空间是公共生活生成的场域,由于村庄是一个具有相对独立的

---

① ［英］安东尼·吉登斯:《资本主义与现代社会理论:对马克思、涂尔干和韦伯著作的分析》,郭忠华译,上海译文出版社 2013 年版,第 4 页。

② 曹海林:《村落公共空间与村庄秩序基础的生成》,《人文杂志》2004 年第 6 期。

文化结构和政治结构的共同体，与其他类似单元在地理上隔开一段距离，村民把村庄作为基本活动范围，村民之间存在较为紧密的经济利益纽带和文化纽带，与城市社区比较，私人空间的开放性和互动多过城市社区。也是经济、社会、文化生活的独立区域，需要公共空间来构建社会秩序和展开公共生活，形成信息传播和公共舆论。公共空间满足了村民们的生活、娱乐、休闲、交往的需要，还内蕴一定的价值观。可以说，公共空间是公共生活的容器，在农村社会具有重要的作用，是促成集体行动和共同体意识的平台。

在城镇化进程中，"撤村并居""农民上楼"等政策的实施，导致农村公共空间消失，随之公共生活趋于式微。后来，政府构建了新的公共空间，如文化广场、农村书屋等。村民对新的公共空间的接受有一个过程，但普遍并不反感，有的新公共空间也逐渐成为村民公共生活的新平台。从中可以看到，国家规划与农村社会在公共空间的使用中，融合是主要的，冲突是少量的，也会实现新的空间意义诠释和调整治理架构。

二、作为公共文化产品载体的公共空间

乡村空间最显见的形态是通过聚落表达的，历史上由于资源利用方式改变、技术发展、土地产权变更和政治形态变化等因素的影响，乡村聚落的形态不断发生改变，也影响了乡村治理方式、乡村社会意识和心理认知的改变。但总的来说，乡村聚落表现出较强的延续性。新中国成立后，随着伦理观念的淡化和士绅阶层的消失，加上政府主导的历次社会运动，使原有的乡村秩序受到破坏，但村落居住形态没有大的改变，乡村空间表现出神渐散而形未变的状态。20 世纪 70 年代末 80 年代初农村社会改革后，在社会大变革背景下，随着与资源利用方式密切相关的乡村经济结构演变，政府以新农村建设、城乡统筹等方式，引导村民集中居住，建立新型社区，推进农业集约化经营，改变着自然演化形成的乡村聚落方式。

　　"乡村聚落形态"从地理学的角度来看在于关注空间分布,是指乡村聚落的平面展布方式,即组成乡村聚落的民宅、仓库、牲畜圈棚、晒场、道路、水渠、宅旁绿地以及商业服务、文化教育、信仰宗教等公用设施的布局,主要根据农家房舍集合或分散的状态,将乡村聚落形态分为散漫型和集聚型两种类型。[①] 从文化的意义上,典型的未被破坏的聚落形态除上述特征外,更多地关注到戏台、庙宇、祠堂、传统集市等物理空间,在这些空间的日常活动中蕴涵的空间观念和空间意识,是社会文化的核心。

　　乡村的空间首先是物理空间,庙宇和祠堂是最常见的公共空间,庙宇一般体现佛教、道教和地方宗教系统,但即使是道观和佛寺也体现出强烈的区域性特征,如西南洱海地区受佛教影响,是密宗(白族称之为阿吒力教)活动的主要区域。阿吒力教是印度密宗传入南诏以后,与土著的原始宗教相适应,不断吸收佛教显太密诸宗、儒家学说、道教思想和神祇而形成的一个密宗新派。阿吒力教以高度组织化的礼仪、咒术、民间信仰为特征。同时,本土的信仰系统"本主"崇拜在当地有着重要的影响力,这一区域的宗教信仰主要是本主崇拜和阿吒力教,两种系统有时又交织在一起,本主崇拜是地域性的,佛教崇拜是开放性的,农村地区建有大量的儒释道三教并流的庙宇和本主庙。庙宇有大量的活动,村民求子、求平安、孩子周岁、出门远行和生病讨魂等,都要到本主庙献祭祈灵。道教庙宇每年举行北斗会、南斗会、观音会等道教法事,村民新宅落成、谢土仪式、丧礼亡灵超度等。儒家的祭祀仪式,主要在孔庙举行,展现儒家礼仪和文化教化传统。庙宇和祠堂是乡村最重要的公共空间,是进行宗教祭拜和举行宗教仪式的场所,也是举办庙会和节日庆典的场所。除此之外,还参与地方慈善活动和公共事务,例如,作为发生大规模疫病时的治病场所和饥馑发生时的赈灾场所。乡村庙宇等建筑的出现除了思想形态的功

---

① 左大康:《现代地理学辞典》,商务印书馆 1990 年版,第 699 页。

能外,也有其实际的功能,马克斯·韦伯认为,由于传统中国国家政权无力向广袤的乡村地区提供安全保护,乡村聚落不得不自己联合起来,填补这种空白。在乡村社会,庙宇是提供这种公共产品的机构,庙宇不仅是宗教文化场所,更重要的是已经成为乡村中国一种公共权威象征和机制,具有广泛的社会与法律制裁作用。①

戏台是农村公共文化生活的一个重要空间,宗教活动与娱乐活动常常重合,在庙会期间还包括了游行、唱戏、宴饮等活动。洱海地区的乡村戏台是民俗节庆庆典、社戏,以及丰年祭和歌舞戏剧的主要空间,也是地方"洞经会""圣谕会"举办的场所,每年"二月八太子会""火把节"等民俗活动中戏台也扮演着重要角色。娱乐活动的初衷是为了"娱神",通过歌舞形式与神沟通,是上古社会节庆中的模拟、巫术控制、狂舞欢歌、禁忌、牺牲、宴饮等形式的延伸,后来也成为民众娱乐的方式,具有全民参与和狂欢性的特征,社会等级与性别的禁忌暂时被打破,被礼教严格限制的女性也能参与其中。戏剧内容除了对神灵表达感激和敬畏之外,也有驱鬼逐邪的内容。

农村的公共空间也与集市相关联,经济活动成为公共空间的一部分。传统的集市并不因为现代市场的发展而完全消灭,现代市场单一的在物资交流方面发挥了极大的作用,但传统集市的社会文化功能却难以被替代。直至今天,在广大的乡村,乡村集市依然存在,单个的市场通过商品的流动及市场的有关功能与中心地区发生着关联,依然是市场体系的一个构成部分。集市成为生活在市场中心及其周围腹地的不同经济、社会、职业等组织构成的一个重要的相互作用的节点,发生在乡村集市"无数的行为都是自古继承下来的,无章无序积累的,无穷无尽重复的,直至我辈。积年累世的、非常古老并依然存活的往昔注入了当今的时代,就像亚

---

① 游详斌、彭磊:《中国"草根民主"的文化基础》,《山西大学学报(哲学社会科学版)》2011年第5期。

马逊河将其混浊的洪流泻入大西洋一样"①。

关于定期集市的起源,有人认为它是由某种社会集会演变而来。例如,经济学家希克斯指出:"若任何一种集会(如宗教节日)都能为贸易提供机会;贸易开始是偶然性的,但逐渐变成经常性的。"②

集市场所与宗教建筑合一的现象十分普遍,人们的宗教行为和经济行为在更为深入的层面都是一种交换行为。在宗教行为中,人与他们所供奉的神灵形成某种"互惠"关系,达成一种交换,这个交换是精神性的交换,人们通过各种庆典礼仪和实物祭拜实现"娱神"的目的,达成神灵对个体和群体的护佑的希冀。同时这些节庆礼仪也强化了内部的身份认同和地域文化认同。宗教行为与经济交易发生在同一场所,是有深刻的内在一致性的,物质交流和精神交流都有其现实的需求性,通过二者,人们实现了完整的欲求获得。

著名社会学家涂尔干对民众的节日和宗教生活有一个见解,他认为,"膜拜的基本构成就是定期反复的节日循环","只有将人们集中起来,才能使社会的情感充满活力,但是人们不可能永远集中在一起。只有当他们再次感到需要这样做的时候,才会重新集合。正是这种必然的交替,才相应带来了神圣时期和凡俗时期的有规律的交替"。民众的日常生活是"凡俗时期",而节庆是"神圣时期",庙会的功能称为神圣与凡俗的结合,庙会的交易功能体现着信仰中的市井色彩,尤其是随着商品经济的发展,世俗性特征更加突出,宗教信仰与商品行业特征融合,功利主义倾向非常明显。

集市与庙会空间的累叠表现出同一空间的多种质性,在某一时间段和某种场所形成的聚落、社区或族群的公共空间。这种公共空间多为单

---

① [法]费尔南·布罗代尔:《资本主义的动力》,杨起译,生活·读书·新知三联书店1997年版,第5页。
② [英]约翰·希克斯:《经济史研究》,厉以宁译,商务印书馆1987年版,第29—33页。

一同质的主体建立,建立的逻辑多是聚落、社区或族群的文化脉络,而非外界力量的主导和参与。在这一层面上,公共空间多表现为某个民族或社区的"原生态"文化,单一同质的公共空间并不多见,更多的情况是许多不同性质的公共空间的交叉叠加,如"民族—国家"设置的空间形式与社区存在的传统空间形式之间的交叉,以资本为核心的市场经济所形构的公共空间与经济公共空间的叠加①。

除了这些以物理空间外,还有虚拟形态的公共空间。公共空间是公共性的社会领域,包括公共舆论、话语及其空间场所、相应的制度设置等,其活动主体是公共舆论、话语的载体即公众及其群体。如社(地方神信仰组织春社和秋社,地方文人的诗社、书社、琴社)、会(庙会、香会、青苗会、水利会、同乡、兄弟会、老人会)等正式或非正式社团,这些非虚拟和虚拟形态的空间往往与族(家族、宗族、民族)实现连接。

在乡村社会,与资产阶级的咖啡馆、俱乐部等形式迥异但旨趣相同的公共空间一直存在,并成为乡村社会基础和社会秩序生成的载体。通过在物理形态的公共场所展开的社会公共活动,物质空间演变为社会和政治空间,具备哈贝马斯讨论的公共领域的特质。公共领域与公共文化产品的交叠之处在于"公共性",文化与公共性是联系在一起的。汤普森指出,"到 19 世纪早期,文化一词用来作为文明(civilization)的同义词或在某些情况下对照使用,文明一词源于拉丁文 civilis,指公民或属于公民的意思"。这表明,文化是人们之间公共生活的一部分,是存在于公共领域之间的东西。而且,公共文化决定了公共领域的边界,进入公共领域的个体意味着在某种文化观念和文化价值上达成一致。在这些公共空间中展开的活动,提供了农村民众需要的文化产品,如典礼、仪式、节庆和娱乐等,都是典型的公共文化产品。

---

① 王锋、魏劭农:《公共空间的社会科学维度研究》,《求索》2013 年第 7 期。

三、农村公共空间的意义系统

公共空间和公共领域的界定表明这类空间是介于国家与社会之间,那么,它的范围必然就取决于国家与社会的边界。显然,由于公共领域的开放性和流动性,它与国家、社会之间的界线是模糊、不确定的。[1] 乡村公共空间自身也是动态演变的,空间是承载个人、家族和村落记忆的媒介,某一集体的记忆发生在特定的空间中。乡村空间的概念,不仅是地域的有形概念,也不仅仅是乡村聚落的形态描述,还是社会文化的媒介,有着独立的观念结构和自身存在的独特逻辑。因此,具体有形的空间可能会改变,无形的空间也会改变、消失,或通过各个要素建构新的空间。

在长期农耕社会发展过程中,乡村空间承载着重要的作用。经济社会史学家对区域有独特的理解,认为区域不是固定的行政区划,而是由历史本身所形成及建构出来的具有内在相似性的区域。百姓日常活动所反映出来的空间观念和地域认同观念,是在实际历史过程中不断变化的,从"区域出发,有可能重新解释中国的社会历史"[2]。

美国城市学家刘易斯·芒福德认为,城市从完整意义上来说是一种地理网络、一种经济组织、一种制度性进程,一个社会行为的场所和一种集体性存在的美学象征。一方面是日常家庭和经济活动的物质框架,另一方面又是人类更有意义和更崇高冲动形成的一种让人关注的环境。乡村空间也有同样的特征,乡村文化空间和文化意象是乡村地区的物质文化、精神文化和制度文化在历史上形成的结构系统,与自然地理、社会环境相辅相成、彼此依存。因此,乡村的空间不仅是一种物质的场所,更是社会关系的场所,是乡村社会关系和社会结构的表达,由经济、政治、意识形态及其相互组合的各种形态组成。从经济活动取向来看,乡村往往被

---

① 陈勤奋:《哈贝马斯的"公共领域"理论及其特点》,《厦门大学学报(哲学社科版)》2009 年第 1 期。

② 赵世瑜:《小历史与大历史》,生活·读书·新知三联书店 2006 年版,第 71 页。

定义为以传统农业为生计方式的区域,但社会文化取向方面的含义往往被忽略。我国传统文化中,乡村是个保存了大量传统习俗、价值观的地方,是一个意义的聚集地,有很多宝贵的伦理资源。把乡村作为对于一种存在的或者是令人怀念的文化符号和生活状态的向往,是对于乡村概念的又一种宏观上的理解。从 20 世纪三四十年代的乡村建设运动开始,便有学者体现了这种倾向,他们赋予了一种对于乡村文化和乡村状态的形而上意义的很强烈的情感。[①] 因此,乡村是一个复杂的、承载很多意义的表达,囊括了地域、文化、社会等多方面的内容,甚至包含着某种价值观念的判断,是历史的、动态的概念。乡村不仅是综合的经济体,也是社会、政治、风俗等意义的集合,同时也包括了空间,即自然环境的因素。

---

① 李红艳、左停:《乡村传播意义下的农村发展》,《新闻界》2007 年第 6 期。

第四章　农村公共文化产品供给
制度变迁分析

变迁既指事物的变化过程,也指制度的替代、转换,即结构的转型。诺思在《制度、制度变迁与经济绩效》一书中,认为制度变迁是一种效益更高的制度对另一种制度的替代过程,也是人与人交易活动的制度结构的改善过程。在制度建构的分析中,不仅要考虑共时性(synchronic),即把制度放入整个社会发展的宏观框架中进行分析,也要考虑历时性(diachronic),即考虑传统的力量和制度的路径依赖特征。

第一节　农村社会的变迁与稳定

当变迁成为解释农村社会现实的主流后,这一词语逐渐成为言语的暴力被不断滥用和误用,事实上,农村社会既具有动态性,也具有稳定性和连续性,尤其是文化的稳态性非常突出,文化的持久力量逐渐受到学者们的关注,在对中国农村社会的变迁进行分析时,经历了从地理、人口、制度、经济等要素阐释向文化视角收敛的过程。

一、社会变迁的连续性与动态性

变迁一词在社会科学的研究中常常以隐含的时间段作为评判的依

据。西方主流学者从资本主义变迁的时间点为观察基准来评判世界变迁走向,体现出欧洲中心主义的历史观。诺思在《西方世界的兴起》一书中认为1500年被历史学家普遍看作是中世纪社会和近代社会之间的分水岭,发生了一系列重大的事件,如价格革命、商业革命、宗教改革、文艺复兴、地理大发现、新大陆殖民地、世界贸易发展及作为欧洲政治组织最高形式的民族国家出现。[①] 在诺思推论的基础上,发展出了大分流理论,以美国学者彭慕兰(Kenneth Pomeranz)2000年出版的《大分流:欧洲、中国及现代世界经济的发展》一书为代表,将1800年作为世界经济"大分流"(the great divergence)的时间点,即以工业革命发端于英国,并迅速传播到整个西方世界为起点,而另一个相反的图景展示的是亚洲、非洲等国家仍然陷入马尔萨斯贫困陷阱中无法突破。作者在书中认为,1800年以前,是一个多中心世界,但是没有哪一个中心占统治地位,在19世纪工业化之后,欧洲成为占统治地位的单一中心。

社会科学学界在分析社会变迁时有3个倾向十分明显,一是把某个截然的时间点作为明确转折节点。事实上,变迁并不是毫无预兆的跃升和突变,变迁发生的渐进过程及其在过程中各个要素的变化,恰是理解问题的关键。二是把传统与现代视为二元对立的一组变量。学者们从经济和制度建构等方面论证了传统社会与现代社会的区别,马克斯·韦伯认为,现代制度的建构是社会法理型权威取代神异型和传统型权威的过程,卡尔·马克思认为现代社会形成是生产力的高度发达的结果,涂尔干强调了社会分工的作用,他们一致强调资本主义是塑造现代社会的核心力量。传统与现代似乎难以调和,但传统与现代的关系并非非此即彼,在现代中往往存续着传统的力量,现代从传统中产生,并抛弃一部分传统,传统与现代既相互依存又彼此背离。这个过程发生不是断裂,而是渐进的。

---

① [美]道格拉斯·诺思、[美]罗伯特·托马斯:《西方世界的兴起》,厉以平、蔡磊译,华夏出版社1999年版,第21页。

王笛在考察中国社会底层民众与现代化对其日常生活的影响时认为"不能把传统与现代视为是从传统到现代化中间的一场简单的转变,而应将其视为从远古时代到无限未来连续体的一部分"。"从传统到现代的过程中,社会犹如一个游标,愈来愈远离传统的极点而愈来愈趋近现代的极点。"①另外,还应该注意到,变迁并非只是指从传统到现代的变迁。变迁是社会的常态,只是变迁的剧烈程度不同,在某些历史时段,变化的方式是缓慢流逝和演变着的,甚至是反复出现和不断重新开始的。前现代社会并非是停滞的社会,现代社会的变迁也是从前现代社会中孕育产生的。

第三种变迁理论的倾向是把某一因素独立出来,视为变迁的唯一的或最重要的解释变量,这种倾向在经济学界颇有众多的拥护者,例如,西方新经济史学派把产权视为变迁的最主要变量。在中国学术界,当解释文化变迁时,往往倾向于把政权的改变视为最重要的变量。吉登斯指出"社会学中最著名的理论传统,包括那些从马克思、涂尔干和韦伯的著作引申出来的观点,在解释现代性的性质时都倾向于注意某种单一的驾驭社会巨变的动力"②。

因此,当谈到变迁时,应该以连续和动态的观察视角,尤其是理解文化要素的变迁,文化及其呈现的形式也许会有比较大的改变,但文化机制的路径依赖及其发挥的作用并不会一夕之间改变。从变迁的速率来看,文化变迁与社会政治经济变迁速率并不一致,在较为封闭的社会体系内部,文化的演进相对缓慢,文化的变迁往往滞后于社会制度的改变。相对于不断变化的社会实践,文化具有相对的稳定性和确定性,文化往往形成社会生活不断变化的框架与结构。

---

① 王笛:《跨出封闭的世界——长江上游区域社会研究(1644—1911)》,中华书局2001年版,第8页。

② [英]安东尼·吉登斯:《现代性的后果》,田禾译,译林出版社2000年版,第9—10页。

二、农村社会变迁力量的文化视角

早期的西方学者,例如黑格尔、孟德斯鸠等人,把东方作为"他者"的文明来分析,这样的分析中充满着对"异域"的想象和理解,认为中国因为自然条件形成了农业文明中心,但因为缺乏与海洋的联系,形成了浓厚的内向性特征。黑格尔"无历史的文明"(a civilization without a history)观点,认为中国总是王朝兴替,周而复始,没有进步。黑格尔的东方专制主义理论中,东方文明是独立、内向、自成一体和停滞不前的。马克思"封闭在棺材里的木乃伊"、马克斯·韦伯"没有形成一个成熟的城市共同体"等对中国的描述极大地影响了以西方为主流的学术发展方向和对东方文化的刻板印象。哈耶克也认为,中国的封建制度在很大程度上并没有多少演进(evolution),而只是在同一社会制度层面上的内卷(involution),即非演进式的前进,以及无休止的内耗和自我复制。以上早期西方学者的观点以宏大叙事的方法,主导着对中国社会与文化论著,形成西方对中国的刻板印象。之后新一代研究中国社会的学者摒弃了宏观推论的方法,采取用微观和具体的观察来说明中国农村的变迁之路。这些研究的要旨依然在于得出中国社会结构的宏观结论,但其基于实证而非想象和推理的研究方法,研究结论更为可信。如孔飞力发现,西方对中国历史的认识并不完全准确,他们将帝国政权看得过分强大,从而将乡村组织和地方精英看成是国家政权的附属物,乡村社会的权力结构似乎完全处于科举制度、官僚体系以及正统思想的控制之下。

中国研究的另一个特征是研究者们都关注到,文化的特殊性在解释经济和制度变迁中的有利作用,继制度和经济方式成为解释农村社会变迁的主要理论工具之后,学者们观察到了文化对中国农村社会影响力持久而实质性的力量。例如,杜赞奇在探讨中国国家政权与乡村社会之间的互动关系时,首次注意到"权力的文化网络"影响力,文化提供的象征和规范由文化网络中的制度与网结交织维系在一起,成为乡村权威合法性的来源。学者们在对中国农村社会的变迁进行分析时,经历了从地理、人口、制度、经济等要素阐释向文化视角收敛的过程。

第二节 供给制度的结构及其变迁

结构变迁是指外生的变迁要素突破了对原有路径的依赖,生成新的变迁路径。从我国农村公共文化产品供给的变迁来看,有效率的供给制度,一方面依赖正式制度的不断发展和创新,另一方面是依赖传统社会资源的聚合、重组与构建。从制度变迁的形态来看,正式制度变迁常常是非连续性的,受到政权更迭和意识形态等外生变量的影响很大,而非正式制度变迁则表现出连续和缓慢的特征。

一、宏观历史视域中的公共文化产品供给制度变迁

乡村社会的公共文化产品供给制度变迁研究,是一个特定的制度安排的变迁,但是在中国社会的复杂现实中,只研究特定制度的变迁而没有考虑到整个宏观社会结构是不够的。因此,既要考虑制度安排,更要深刻地关注制度环境。中国有不同于西方社会的发展道路,西方国家的现代化过程是社会分工、产权形成在先,国家权力作用在后。因此,西方学者将制度环境作为一个既定的社会框架,在这样的逻辑下,关注制度安排甚于制度环境。以诺思为代表的新制度史学派注意到历史上政治制度对于有效产权制度的影响,但是,当资本主义的自由民主制度形成后,根本性的政治制度就不再是制度变迁的内生因素,而制度安排就成为研究的主要目标。[①] 而中国乡村的供给制度内生于乡村社会宏观社会结构,换言

---

① 陈定洋:《中国农村公共产品供给制度变迁的实质与逻辑》,《商业研究》2010 年第 11 期。

之,制度环境对乡村公共文化供给的制度变迁是内生要素,而非外生要素。因此,必须在宏观的历史视域中,基于中国农村的历史和现实的逻辑,分析各类影响供给制度变迁的变量序列结构及他们之间的博弈互动关系,才能更深刻地理解各个历史阶段公共产品供给的方式及其未来的走向。

马克思展示了宏观的社会制度变迁根源和演变过程,以生产力和生产关系这对矛盾的相互关系来解释社会制度的动态演化,变迁方式既可以是渐进式的,也可以是暴风骤雨般革命式的。诺思认为,在详细描述长期制度变迁的各种现存理论中,马克思的分析框架是最有说服力的。这是因为"它包括了新古典分析框架中所遗漏的所有因素:制度、产权和意识形态"①。而诺思在制度变迁的研究中,更多地注意到技术、市场规模、制度变迁成本、意识形态、决策者净利益等要素。宏观视域分析不仅是将具体的制度置于宏观的社会环境中,还包括把现实与历史关联,才能更好地理解目前存在的问题。卡尔·马克思和马克斯·韦伯都强调历史对于理解社会的重要性,虽然他们确实关注如何把握一般性和普遍性,但是他们也关注特殊时期的具体环境,以及各种不同地区的相似性和差异。他们明确地承认,要对社会事实作出充分的解释,就必须对事实发生的历史作出说明,他们承认比较历史分析对于稳定和变迁是必不可少的。②

注意制度动态发展的时间性和历史维度,使新制度主义的学者中分化出了历史制度主义,历史制度主义代表人物是彼得·豪尔和罗斯玛丽·泰勒。这个学派起源于 20 世纪 40 年代,其重要特征是将制度作为变量引入历史理论分析,总结了如下特征:倾向于在相对广泛的意义上来

---

① [美]道格拉斯·诺思:《经济史中的结构与变迁》,陈郁、罗华平译,上海三联书店 1991 年版,第 68 页。

② [德]贡德·弗兰克:《白银资本:重视经济全球化中的东方》,刘北成译,中央编译出版社 2000 年版,第 21 页。

界定制度与个人行为之间的关系;在分析制度的建立和发展过程中强调路径依赖和意外后果;将制度分析和能够产生某种政治后果的其他因素整合起来进行研究。因此,历史制度主义在宏观和微观层面的衔接和互动中,观察制度的形成和变迁。在结构上,重视现有政治制度对公共政策的影响及互动关系的构成,又强调影响政治结果的各政治变量之间的结构关系或变量之间的排列方式;在历史观上,既注重在历史轨迹中寻找过去政策选择对现在政策方案的影响,又借用"路径依赖"和制度断裂时期的"关键性枝节点"强调制度变迁中的断裂和生成的特性。总之,运用放大历史视角来追寻影响时间进程的结构性和历史性因果关系。

　　林毅夫将制度变迁分为两类:诱致性制度变迁和强制性变迁,前者指的是由响应制度不均衡时的获利机会自发引起的,后者是指由政策和法令引起的制度变迁。[①] 制度变迁有两种情况:路径依赖与结构变迁,路径依赖是诺思的重要学术贡献,他认为路径依赖是对长期变化作分析性理解的关键。诺思把前人关于技术演变过程中的自我强化和报酬递增现象的论证推广到制度变迁,即由于受到各种历史经验和初始条件的影响,制度变迁往往依赖于特有的历史路径。当一个制度安排确立后,将会自我设限、强化和复制,会形成一个发展路径,并抑制其他选择,最初选择的制度就会形成惯性沿着既有路径发展,除非有新的要素打破这种均衡状态。路径依赖是中性的概念,既可以良性循环,也可能锁定在无效率状态中。新的要素不断增长,增量积累达到关键转折点,原有制度断裂,断裂打破原有的制度路径后,制度将进一步变迁和再创新。关键转折时刻有很大的不确定性,这时制度的发展或可逆或自动变轨,而进入到正常的延续期后,则遵循"回报递增"的正向反馈效应。[②] 中国乡村社会在一个多世纪

---

　　①　卢现祥:《西方新制度经济学》,中国发展出版社 2003 年版,第 80 页。
　　②　周绍斌、高林:《农村公共品供给演变的制度分析——基于历史制度主义的解释》,《浙江师范大学学报(社会科学版)》2016 年第 1 期。

的发展历程中,伴随着现代国家的构建,以革命的方式对国家进行整合,社会转型对人们的生活方式、心理结构、价值观念产生了深刻的影响。

对农村公共文化产品供给机制变迁的分析,首先要对乡村有一个客观的判别。把"前资本主义"时代的村庄想象为一个完全不受市场经济影响的聚合体是荒谬的,施坚雅的研究成果已经非常有说服力地解决了这个偏见。[①] 但一般而言,中国乡村社会具有紧密内聚的特征,黄宗智认为,自然村是闭塞而又有内生政治结构的单位。从国家与村庄之间的关系来看,清代村庄的政权结构事实上是双层的政治结构,国家政权设置了管理税务的里甲制度、管理治安的保甲制度和宣传的乡约制度。[②] 在实际的运作中,这三种管理职能常常合并于一人。这样的制度理论上是国家政权与乡村共同体的衔接,但事实上,清政府的官僚机构的末端是县,乡保并非由县政府直接任命,而是由当地内生权力结构产生的事实领导人物推选保举产生。乡保既不领薪酬,又承担催促交税等不易执行的任务,身处地方、村庄势力和国家的夹隙之中,因此并非是受欢迎的角色。当然,在一些极端的案例中,一些乡保通过滥用职权获取自身利益作为承担此职务的激励,但由于乡村权力势力比较均衡,这种现象不是十分普遍。因此,乡保并非国家政权代理人,乡村社会的真正权力核心由士绅阶层和宗族组织相结合产生,决定村庄重要事务。宗族组织由富裕的士绅组成,为巩固族权,他们捐赠土地、开办学校、建立义仓等,事实上就是提供族内的公共产品,包括公共文化产品。

在分析公共产品供给的时候,村庄提供的产品中,文化产品只是其中的一项。村庄提供的公共产品甚至包括社会救济和公共安全,在匪患严重的华北地区,作为公共安全产品的红枪会、天门会等组织,事实上是由

---

① 施坚雅:《中国农村的市场和社会结构》,史建云、徐秀丽译,中国社会科学出版社 1998 年版,第 40 页。

② 黄宗智:《明清以来的乡村社会经济变迁》,法律出版社 2014 年版,第 122 页。

村庄自身供给的。在社会救济方面,一些村庄拥有族产,一般交由组中贫困或鳏寡孤独者耕种,由耕种者负责供应宗祠所需祭品。清末推行的"新政",进行现代式官僚改革,将地方公共产品纳入国家范围内,如将非正式武装力量正规化,并以此巩固县级政权,地方教育也由原来村庄自行提供私塾改为新式教育。

公共产品供给的方式显见地反映出政权改变、政策波动的影响,但是公共产品供给的方式和效用却是在长期发展过程中形成的制度、文化传统和地缘等因素综合作用的结果。在文化公共产品供给制度的形成中,没有特殊的外在环境剧烈变动的情况下,它一般呈现出遵循着稳定的路径演变的特征,通过渐进式的反馈调整机制逐渐发展起来。即使在遭遇了剧烈的社会变革的情况下,文化方面的制度规则的变化依然呈现出滞后的特征,并且在新的制度形态下依然保持着固有的运行规则和逻辑,从而影响了新制度的绩效。

二、公共文化产品供给的序列结构

一般认为农村公共产品的供给存在明显的序列和梯度性,一些研究试图通过实证证明,农田、水利设施等基本公共产品排在最前序列,道路、医疗等公共产品排在村民需求的第二序列,养老、社会救济和市场信息紧随其后,在这些基本公共设施得到满足后,才有产生教育等公共产品的需求,而文化产品被排在需求的最后序列,被列为最后需要满足的需求。这类理论认为文化公共产品的需求弹性很大,在物质消费比较困难的条件下,文化产品的消费最先被舍弃,而在物质消费比较充裕的情况下,文化产品消费的需求迅速提升。甚至在大量的农村公共产品研究中,文化产品没有纳入关注范畴。

基于对农民特征的认识,普遍认为,特定的生计方式和农业生产特点形塑了中国农民的实用心态,人们首先会尽最大能力去满足生存发展需求。在单个家庭无法完成特定任务时,农民会选择合作。合作的领域首先是水利设施、公共道路、修建新房等。同样,对公共产品的投资中,会选择性地投资直接有助于生存和生活的物品,如农田水利设施、农业设备、农产品销售渠道等,而对于与生产生活联系并不贴切但是外溢效应较强的公共文化产品的投资,则不那么重视或选择性地忽视。

这些结论令人无法信服的原因,一方面在于把公共文化产品的需求简单地等同于读书看报、看戏等外生需求,对公共文化产品的理解十分狭隘;另一方面在于未能理解文化产品作为基础性要素在其他公共产品供给中的潜在功能。以水利为例,中国农业经济对水这一重要资源极度依赖,中国也是水旱灾害较为严重的国家,历史资料显示,从公元前206年至1949年新中国成立前的2155年间,共发生过较大水灾1029次,较大旱灾1056次,水旱灾害共2085次,平均每年发生一次较大的水灾或旱灾。[①] 因此,水利是乡村社会最重要的公共产品,围绕水资源的利用,基于不同的文化手段,发展出不同的社会组织和控制方式。相关理论中最有影响力的理论是魏特夫(Karl Wittfogel)的治水国家说,他提出水利与国家构成、意识形态之间的关系,认为在南亚和东亚三角洲平原地区,水利作为大型的公共产品,必须进行劳动合作,合作必须由庞大的官僚系统组织进行,国家对水利的整体控制是东方专制主义形成的原因。[②] 黄宗智认为长江和珠江三角洲地区的宗族组织的规模与水利工程的规模相符,可以视为同一生态系统里互相关联的两个部分。杜赞奇通过对河北省邢台地区水利管理组织的"闸会"及相关祭祀系统的分析,来说明文化网络是如何将国家政权与地方社会融合进一个权威系统,他考察的重点

---

① 朱尔明、赵广和:《中国水利发展战略研究》,中国水利水电出版社2002年版,第16页。

② 卡尔·A.魏特夫:《东方专制主义》,徐式谷等译,中国社会科学出版社1989年版,第46页。

是水利组织与乡村不同利益群体如村庄、士绅之间的关系,水利组织庙宇体系的象征性权威等问题。

在水的利用和控制过程中,通过以公共文化产品的供给实现资源的控制和利用,发展出一系列农业仪式。最为典型的是龙王信仰系统,尤其在水资源最为稀缺的山西省,龙王庙的数目十分庞大,龙王信仰系统通过祀龙祈雨、敬拜龙王等活动,传达水利产品的需求,并衍生出戏曲、禁忌和风俗等。河南一些地方有给龙王唱"雨戏"的活动,即以戏曲的方式达到娱神的目的,禁忌则是维护龙王权威的手段。龙王庙除了祈雨仪式外,还发挥着实际功能,即确定水利秩序并充当水权博弈场所。帝制时代,由于水利的重要性,国家也参与到祀龙祈雨的活动中,在龙王庙的修建和祈雨的活动中,政府官员都会作为国家的代理人"在场",明、清两代,国家通过引入、扶持龙王信仰与修建龙王庙,保持了对于灌溉活动的适度介入。

在治理水患的活动中,一方面,水利作为公共产品持续的供给;另一方面,以文化产品的供给实现社会动员的功能,也是凝聚认同、加强社区稳定的方式,为水利这种产品供给的具体形式提供了权威的合法性。因此,公共文化产品编织出乡村社会的意义之网,与其他公共产品的供给并无排序的高低,它是嵌在公共产品供给的网络结构中,为其他产品的顺利供给发挥基础性的功能。

第三节　农村基层权力结构变化中的公共文化产品供给

政权组织形式向乡村的渗透及其与乡村既有组织结构的兼容或冲突,可以看出乡村社会变化的内在逻辑。不同时期农村基层权力结构的变化,对公共文化产品的供给产生了深远的影响。

一、"双轨权力结构"下的公共文化产品供给

长期的农业社会中,大多数王朝的国家机构都止于县,县之下的权力结构即乡治系统。乡治系统在各个朝代的具体称谓和管理方式不太相同,但其功能基本一致,是介于国家与乡族势力之间的应变机制。① 在某种意义上,也扮演着国家与社会之间的缓冲器角色。在清末新政以前,国家对乡村的社会群体和地理空间的控制比较松散,对中央王朝而言,乡村社会既是需要整合的国家统治疆域,也是资源汲取的对象。从经济上,国家在乡村社会需要获得农业经济剩余的分割权力;在政治上,国家需要乡村社会稳定、均衡。基层社会的非正式权力机制构成与正式权力结构的动态博弈,并常常代表着地方利益保护者的角色。

20世纪三四十年代,费孝通先生通过对乡村社会的权力结构进行分析,在《乡土中国》《乡土重建》和《皇权与绅权》等一系列著作中,认为国家对乡村实行双轨制的权力控制,即传统的中国社会治理是通过两条平行的轨道进行的,一条是自上而下的中央集权的专制体制,由皇帝、官员和知识分子构成官僚体系,建立治理的官僚系统。另一条是基层自治轨道,由士绅等乡村精英以宗族为组织基础进行治理。双轨制实现了王权和宗法权力的双重控制。王权系统实行自上而下的行政管理,宗法系统实行自下而上的地方自治,这两大系统构成基本的农村权力结构,即"皇权不下县"。甚至地方自治组织能够对抗中央的威权统治,他认为,从法律上讲,只有一条自上而下的传达皇帝命令的途径,但在实际运用中,不合理的命令可以通过官府衙役、地方选择的乡约或者此类的媒介人物打回。② 在双轨政治的形态下,帝国统治的合法性和有效性得以长期维系。费孝通的双轨制一经提出,在学术界引起了热烈的讨论,迄今仍被认为是对乡村社会极有说服力的解释。之后很多学者对乡村社会权力结构的研

① 王铭铭:《走在乡土上——历史人类学札记》,中国人民大学出版社2003年版,第132页。
② 费孝通:《中国士绅——城乡关系论》,外语教学与研究出版社2011年版,第76页。

究大部分是围绕着这一概念的证实或证伪进行的,在一些方面能达成基本共识,那就是,在理论层面,中国社会基本是一个威权主义社会,但在经验层面,国家权力结构中,地方组织和民间社会分割了很大一部分权力资源。

施坚雅关于中国社会的分野也可以看作是国家与社会边界的一种。施坚雅对中国集市体系和区域等级体系的研究表明,在中华帝国的空间结构中,有两种等级体系,一种是帝国官僚为了区域行政而设置并调整的区系,反映的是"官方中国"的行政官僚结构;另一种是由经济交换而成长起来的区系,反映的是中国社会的"自然结构",是退职官员、非官方的士绅以及商贾支配的市场贸易体系、非正式政治以及隐蔽的亚文化的世界。①

在这样的双轨权力结构中,中央政府供给的公共文化产品主要以虚拟的符号"在场",极少提供具体的文化产品,通过这些符号,村民以自己的文化框架想象国家的存在。缪格勒(Mueggler)通过对云南山村的历史人类学研究,指出:"国家"不仅仅是制度的集合或权力的关系,更重要的,国家是一种"社会想象"(social imagination)。② 供给具体文化产品的是乡村实体,经过多年的发展,形成一套较为成熟且行之有效的治理结构和自主性的文化产品供给系统。传统农村社会以血缘为纽带,以传统习俗和道德维系文化的再生产,士绅通过科举和财富获得地方性权威身份,成为文化再生产的枢纽人物。农村主要提供外溢程度较小、限于村落范围的文化产品,同时形成农村文化空间,如祠堂、戏台、村庙等公共文化空间,也形成价值观念、文化象征的显化形态,如祭祀、歌舞、民俗活动等。

---

① ［美］施坚雅:《中华帝国晚期的城市》,叶光庭等译,中华书局 2000 年版,第 327 页。

② Mueggler, Erik, *The Age of Wild Ghosts: Memory, Violence and Place in Southwest China*, Los Angeles: University of California Press, 2001, pp. 59-60.

二、"国家政权建设"下的公共文化产品供给

"国家政权建设"(State-making)是查尔斯·蒂利(Charls Tilly)提出的,是描述西欧民族国家形成过程中,政权官僚化,对下层实现渗透和控制的过程。在中国,"国家政权建设"是指现代化过程中以民族国家为中心的制度与文化整合措施、活动及过程,其基本目标是要建立一个合理化的、能对社会与全体民众进行有效动员与监控的政府或政权体系。① 中国对国家政权建设的努力是从清末开始,基于内部压力如义和团起义和外部帝国主义入侵,要求建立一个强大的现代化国家政权。对下层社会的渗透,政治上意在巩固政权,经济上意在深入基层,汲取财源。清末之后的政权多次更迭,但"现代化"的意图和努力一直存在,国家和农民的关系经历复杂的变化过程,但国家政权建设的进程不断强化。

国家政权建设首先是政治的整合。现代化不仅是由传统农业社会向现代工业社会的转变过程,而且是由一个分散、互不联系的且以族群为基础的地方性社会走向一个整体、相互联系并以国族为基础的现代国家的过程。② 在国家政权建设开始之前,农村作为社区共同体是相对稳定的,前现代社会主要以氏族、家族、部族、地方性族群等共同体构成。对大部分农民来说,个人认同来源于家族、宗族、地方而非国家,所以,政权更迭和行政机构瓦解对乡村社会的冲击是外在的,乡村社会的稳定性表现出强韧的力量。从清末以来不断通过政治整合实现国家政权建设,手段包括了政权的制度设计,在行政上建立治理的结构。对乡村社会来说,基层地方政府的设计经历了多次变革,通过土地制度、财政和税赋制度,建立起政权的经济政治运作基础和合法性。

除此之外,国家政权建设的一个重要方面是"民族国家"文化认同的

---

① 龙太江:《乡村社会的国家政权建设:一个未完成的历史课题》,《天津社会科学》2001年第3期。

② 徐勇:《"回归国家"与现代国家的建构》,《东南学术》2006年第4期。

建设。"民族国家"已经在世界范围内成为国家主权合法性的表达,成为国际关系体系的现实。民族国家文化认同的建设与政治整合相辅相成,共同完成国家政权建设的目标。民族国家促成国内不同族群形成统一的民族意识和国家认同,这一表达在中国即是强调"中华民族"作为国族的身份认同。国族性的建构除了政治整合以外,还通过历史和传统的追溯建立合法性基础。为了实现这一目标,甚至为此"重构历史"和"发明传统",愈是政治整合无法满足国族建构的需要,文化整合就愈强烈。① 在文化上,国家政权建设意在以大传统,即"中华民族文化"全面覆盖小传统,这些小传统包括了地方文化、民间文化等。杜赞奇在研究中国作为民族国家的形成过程中,否认了民族作为一个有内聚力的主体的假设,认为民族的观念也应包含斗争、协商和差异性。因此,他认为,民族国家认同并不能完全覆盖其他认同形式,作为新的身份认同,民族主义意识本身并不是一个独特的、前所未有的意识形态。虽然民族主义理论把自己置于表达网络中的特权地位,自视为一个囊括或维系其他认同的主身份认同,但实际上它只是众多认同中的一个,与其他身份认同是可以互变互换、冲突或和谐的。②

在国家政权建设的背景下,分析公共文化产品的供给,就必须在经济、政治控制框架下进行审视,因为文化与经济政治的控制出自同一逻辑。清末的新政反映出清王朝在政治、经济和文化上实现全面控制的意图。清政府通过保甲体系进行治安监控,通过里甲体系实现税收控制,通过设立社仓实现饥荒控制,通过乡约等手段实现思想控制。乡约宣讲体系反映了统治者对文化水平低的乡人实现思想控制的强化认同的意图。政府先后颁布"六谕""圣谕"和"圣谕广训",在乡村设立固定场所和人

---

① 徐勇:《"回归国家"与现代国家的建构》,《东南学术》2006年第4期。
② [美]杜赞奇:《从民族国家拯救历史——民族主义话语与中国现代史研究》,王宪明等译,江苏人民出版社2009年版,第6页。

员,定期对农民宣讲,内容包括了社会关系、教育、生计和社会秩序等方面的规范和对乡民的要求。清末以来,受限于经济发展、技术手段等,其控制手段不足以达到预期,为基层社会留下很大的自我治理空间,基本延续了双轨制之下的公共文化产品供给特征。但是国家政权建设对文化系统的改变已经发生,其改变虽然十分缓慢,但现代性也确实逐渐侵蚀和改变着乡村社会的基础,从表面走向核心层面,形成某种程度的断裂,这一系列与传统的分离,被安东尼·吉登斯称之为"现代性的后果"。

20世纪50年代以后,在国家政权建设的进程中,国家在农村的控制力进一步加强。从土地制度到组织结构上发生了根本性的变革。相对应的,在文化上废除了传统的以家族组织、宗族组织甚或氏族部落制残余为基础的村社组织。国家与乡族势力相互博弈的结果,是乡族势力不断被消解,原有的权威和法统几乎荡然无存,国家在社会中的权威性资源日渐增长,政府依靠国家的垄断性权力,在与地方性势力的博弈中获得了全面的胜利。"现代化过程中的国家政权完全忽视了文化网络中的各种资源,企图在文化网络之外建立新的政治体系,在现代化意识形态偏见影响下,国家政权力图斩断其同传统的、甚至被认为是落后的文化传统的联系。"①

在计划经济时代,政府通过构建三大相互支持性的制度体系以达到从农业抽取资源的目的,这三大制度体系是控制农业生产过程的人民公社制度、控制农产品流通的统购统销制度以及控制农民流动的户籍制度。② 由于体制费用极端高昂,20世纪70年代末农村社会改革后,政府力量从农村社会实现大规模退却,但这种退却主要表现为对直接物质资源的控制放松,从宏观上看,国家权力和社会控制机制却并未减弱。

---

① [美]杜赞奇:《文化、权力与国家——1900—1942年的华北农村》,王福明译,江苏人民出版社1996年版,第235页。

② 高彦彦:《城市偏向、收入差距与中国农业增长》,《中国农村观察》2010年第5期。

　　这一时期,在现代化的语境下,对农民和农村文化有两个基本的判断:一是认为农民是非理性的,二是认为农村文化是落后的。乡村社会原有的文化产品在现代化语境中被视为落后和愚昧予以全面消解。以传统宗教信仰为基础的宗教组织,以及其他一些民间组织,如村寨中的戏班子、唱经会、青年会等也被废除,代之以集经济、行政为一体的社队组织及党团青妇民兵组织。在文化方面,包括思想观念、行为习俗等,都代之以党和政府的、科学的、现代的思想观念和行为方式。国家运用行政的力量传播新文化,组织大规模的移风易俗、文化下乡活动,乃至"社会主义教育运动"等。同时,村民的传统教育也被现代教育制度的推行所取代。总之,传统的民间文化被现代化的国家以强力消解着。① 政府成为公共文化产品供给的唯一主体,依靠政权和政治性话语维系公共文化产品供给。

　　20世纪70年代末农村社会改革以后,民间文化在一定程度上得到认可,但公共文化产品供给依然是政府主导型。虽然民间文化在复苏,并在一定程度上得到许可,但长期以来单一强调民族国家认同的导向,民间文化没有跻身国家公共文化产品的范围,民间自我供给并没有取得合法性。加之长期以来农村文化传统断裂,农民能控制的经济资源和社会政治资源十分有限,经济上地权的分割和劳动力的大规模流动,农村的公共文化产品还是短缺状态。自2005年以来开始施行的公共文化服务的政策,是一个很大的进步,但在国家主导的语境中,公共文化服务是国家意识形态、思想宣传等主导的基础性服务,依然体现出政权建设在民族国家认同方面的意图。以大传统覆盖小传统,在现实中是不可能的,而且民间的传统对民族国家的建设并非全无裨益。

　　哈贝马斯认为,现代社会具有双重意义。一方面是作为"系统"的社

---

　　①　施惟达:《民族村寨文化的现代建构》,《民族艺术》2004年第4期。

会,另一方面是作为生活世界的社会。前者是经济、政治的合理化系统,通过生产、权力和货币以及经济和国家的制度形式来运作;后者则呈现为个性、意义和象征,是文化价值的领域,前者并不能全面"收编"后者。农村的系统社会不断走向现代性,系统的社会总是不断进步的,现代社会是生产力渐进增长的巅峰。但是在生活世界的社会并不如此。以马林诺夫斯基为代表的功能主义和拉德克里夫斯基-布朗为代表的结构功能论学派对进化论持否定态度,认为人的生活有其永久存在并有可能在现代社会中复归的基质,这个观点隐含了人文主义复归的合理性,也得以说明农村文化在现代社会中存留和发展的合理性。

三、后农业税时代的公共文化产品供给

农村税费改革是基层公共产品供给发生变化的重要节点,税费改革不仅是税赋和金融体制的变化,而且导致基层农村权力结构的改变,改变了农村公共产品的供给方式。

农村税费改革前,作为基层的乡镇政府对农民征收的赋税是"三提五统"。"三提"是三项提留的简称,指村民交给村级集体组织的管理费、公积金和公益金,用于扩大再生产、兴办公益事业和管理等。"五统"是五项统筹的简称,指村民交给乡镇政府用于乡村道路、农村教育、计划生育、民办训练和优抚五项费用。征收方式在包产到户前直接从村集体收入中获取,包产到户后由农户均摊。

"三提五统"的费用很大一部分是以农村公共产品支出为由征收的,反映了中央政权和地方政权通过财政方式确立公共产品供给责任的做法。对应于城乡二元管理体制,在公共产品的供给上也存在两套系统:城市公共产品由国家供给,农村公共产品主要由自我供给,国家予以适当补贴。农村的公共产品制度外的供给,通过村级组织的提留金自我付费,但是相应的政治过程或公共选择过程缺乏公众参与,延续自上而下的行政

管理思路。文化类的公共产品在这一阶段供给主要在于教育类产品,民俗活动类产品没有进入供给的范围。

由于国家没有明确规定"三提五统"的征收比例和数额,赋予基层很大的政策空间。但也使得农民负担上涨,基层与农户之间的矛盾激化。村级机构明显地具有杜赞奇认为的"营利型经纪"而非"保护型经纪"特征,而乡镇行政单位作为国家行政机构的最低层级,有强烈的扩充财源的动机。加上缺乏强有力的民主监督,矛盾的一再激化导致了农村赋税政策的大改变,2003 年在全国范围内推行改革,取消了提留统筹收费,2005年底彻底取消农业税。

税费改革和农业税的取消是国家和农民关系的一次变革,也是农村基层政权的重要变革,农业税费是农村基层政权运作的重要杠杆,失去这一支撑后,村社集体空壳化,不再承担供给公共产品的职能。乡镇一级在税费改革后,对于以农业为主的县乡政府而言,其财政收入的主要部分开始由农业税费变成来自中央及上级政府的转移支付,而农村公共事业的支出责任也在调整和改革中逐渐上移。通过事权与支出责任的重新划分,乡镇政府由"汲取型"政权变为"悬浮型"政权。依靠治理规模在几十万人、甚至上百万人口的县级政府来提供不断增长的公共服务需求的设想不但不现实,而且会使得整个国家政权悬浮于乡村社会之上。[①] 税费改革对地方供给公共产品的影响还表现为,由于地方财政压力的存在,改变了其支出结构,在保证自身运转的前提下,将有限的资源优先投入到基础设施建设,以此来吸引外来投资,推动任内经济增长。而其他外溢性比较高或者不作为晋升决定因素的领域则被忽略。[②] 公共产品,尤其是外

[①]　周飞舟:《从汲取型政权到"悬浮型"政权——税费改革对国家与农民关系之影响》,《社会学研究》2006 年第 3 期。

[②]　陈硕:《分税制改革、地方财政自主权与公共品供给》,《经济学(季刊)》2010 年第4 期。

溢程度更高的文化类产品,受到的"挤压"效用尤其明显。

国家税费改革的良好意愿在于减轻农民负担,将国家与农民的关系从汲取型变为服务型。在公共产品供给方面,通过政府间转移支付实现基层政府财政的职能。税费改革对公共产品供给的"挤压"是改革始料未及的后果,为了扭转这一境况,在公共产品供给中,国家的财政支持大量采用"项目"方式供给。相比于传统的科层体制,项目制使得上级部门拥有集中的资金管理权、特殊的人事安排权以及高效的动员程序,从而能更快地见到成效。项目制在基层政府的推行使得科层体系发生重构,政府内部动员由"层级动员"转向"多线动员",行政资源的分配也演变为项目中心模式。① 通过专项资金供给文化产品,国家权力通过项目供给,到达基层社区,建立了外源性公共产品供给机制。项目供给的方式是国家权力、科层结构相互博弈和融合的一个新方式。我国重点公共文化服务建设,都是以项目方式进行,这些项目包括:农村电影放映"2131"工程、全国文化信息资源共享工程、乡镇综合文化站、广播电视"村村通"、"农家书屋"工程、"五馆一站"免费开放,等等。这些项目的决策由党中央、国务院和中央部委联合确定,通过各类规划和纲要确定政策目标与标准,规划、管理和评估的各项程序,反映国家意志和在重大公共问题上的目标价值。经费来源依靠中央财政支持,设立专项资金并建立经费保障机制,主要由省级及以上财政支出,地方政府财政责任较小,除了一部分项目被要求予以资金补充配套外,地方政府还需要解决项目建设用地问题。

"项目"方式供给对地方政府(主要指县级和乡镇级政府)的行为模式塑造也十分明显。在公共文化产品的供给中,地方政府担负的决策责任和资金责任很小,主要在激励机制下完成项目的执行责任,在这样的逻辑下,将"可量化"和"易展示"作为行动的目标。农村公共事业支出责任

---

① 陈家建:《项目制与基层政府动员——对社会管理项目化运作的社会学考察》,《中国社会科学》2013 年第 2 期。

上移,进一步强化了自上而下的供给体制。对于公共文化产品的受众农民来说,整个机制设计中没有农民的参与,而且决策的上移,使需求表达的链条变得更长,只能被动接受供给。另外,国家供给的公共文化产品注重宏观性和全局性,农民需求的特殊性和差异性产品无法顾及。

第四节　公共文化产品供给的政策
实践:公共文化服务

人类社会的发展历程就是财富的增加和公共性增强的过程。近代以来,在市场经济体制下,生产力增长和物质财富增加的速度超过了以往任何历史阶段,这也是社会将越来越多的资源用于公共文化服务的过程,越来越多和越来越细分的文化产品将逐渐褪去排他性和竞争性特征,成为公共文化产品和服务。因此,公共文化服务是现代文明发展的基本标志之一,既表达着社会对人本理念的理解和实施程度,也标志着国家保护公民基本文化权利的力度。

在中国的学术和政策语境中,"公共文化服务"是公共文化产品供给在政策上的实践,公共产品偏重从技术特征进行物品本身的经济学和文化学属性的分析,而公共文化服务则更多地体现了其社会属性,强调公平正义的社会价值取向和文化治理理念,尤其是把公民文化权利作为公共文化服务的重要部分,反映了公共文化服务的人文主义特征。农村公共文化服务与村民自主供给产品之间的张力也体现出,公共文化服务是在现代性的逻辑中展开的,是现代化的方案,而村民的文化产品供给基于完全不同的逻辑和基础,是在地方性知识的系统内建构出来。两套以不同结构为基础的系统,既互动、碰撞和融合,也各行其道。地方性知识形成的地方经验能否超越原有的范畴,成为普适性的经验,进入国家政策,并成为文化治理的资源,是政策制定者必须关注的问题。

一、公共文化服务的政策界定

2005 年 10 月,中国共产党十六届五中全会通过了《中共中央关于制定国民经济和社会发展第十一个五年规划的建议》,其中提出"加大政府对文化事业的投入,逐步形成覆盖全社会的比较完备的公共文化服务体系",这是第一次对公共文化服务进行政策表述。此后,"公共文化服务"的表述不断出现在各类正式文件中,内容不断拓展。公共文化服务最重要的内容在于公民文化权益的表述,2007 年 8 月,中共中央办公厅、国务院办公厅联合下发了《关于加强公共文化服务体系建设的若干意见》。文件提出"加快建立覆盖全社会的公共文化服务体系,是维护好、实现好、发展好人民群众基本文化权益的主要途径,反映了广大人民群众的意愿,体现了社会主义制度的优越性,对于促进人的全面发展、提高全民族的思想道德和科学文化素质、建设富强民主文明和谐的社会主义现代化国家,具有重要意义"。从文件的表述来看,强调了公民的基本权益,当国家公共文化服务体系把公民基本文化权益作为其框架结构功能的支撑点后,后者就在文化政策层面成为专属意义上的政策命题,进而也就在学理意义上成为边界意义限定的专属概念和专有名词。①

在国家主导的语境中,公共文化服务是指国家意识形态、思想宣传等主导的基础性服务,以政府部门为主的公共部门提供的、以公共财政作为支撑、以保障公民的基本文化权利、满足公民的基本文化需求为目的,向公民提供公共文化设施、产品与服务的制度和系统的总和。公共文化服务具有群体性、共享性等特征,借助公共文化资源,发展群众参与性、资源共享性的文化服务。依据公益性强弱和提供主体的不同,公共文化服务

---

① 王列生:《论公民基本文化权益的意义内置》,《学习与探索》2009 年第 6 期。

可分为纯公益性、准公益性和市场性三种类型。纯公益性的公共文化服务，由政府直接提供服务，如公共文化馆、图书馆、博物馆等；准公益性的公共文化服务，由政府和非政府组织提供，如民办艺术团体、文化艺术中心、收藏馆等；市场性的公共文化服务，如音像公司、报刊社、游戏厅等，完全按照文化产业的基本要求来实现。

从我国的实践来看，公共文化服务政策的确立与其他相关领域的政策有着逻辑上的紧密联系，成为系统性政策的一个有机组成部分。其中最为显著的是文化产业政策与公共文化服务体系的发展呈现出相互推动的态势和特征。文化产业是经济发展的成果，在进入国家宏观文化政策层面之前，文化产业已经创造了可观的经济绩效，为大众提供了多样化的文化产品。同时形成了对前现代文化观念的"祛魅"。之前认为文化等同于意识形态，所谓"一言兴邦，一言丧帮"等论述表达了国家对文化的垄断性和全面代表性。文化产业进入国家政策范畴，意味着文化和意识形态之间的完全对应关系一定程度上被解构，相关文件表述为：不仅要承认文化的意识形态属性，也要承认它的商品属性。1998年，国家文化部设立"文化产业司"，文化产业正式纳入中央政府管理范围和工作体系。2000年党的十五大通过的《中共中央关于制定国民经济和社会发展第十个五年计划的建议》中，首次正式使用文化产业的提法，标志着"文化产业"在中国宏观文化政策层面上得到认可，或者说文化产业合法性确立。之后十五届五中全会通过《完善文化产业政策，加强文化市场建设和管理，推动有关文化产业发展》使文化产业正式进入党和国家政策性、法规性文件。2002年，中共十六大报告提出"要积极发展文化事业和文化产业"。

从2005年开始，公共文化服务在政策层面被不断强化，提出以落实公民文化权利为中心的公共文化服务建设。从承认"文化产业"合法性，到提出建设公共文化服务体系的政策目标，体现了"合理化建构"的过程。文化市场初步解决公民文化权利实现的单一性问题,市场显示了巨大作用的同时也不断暴露了自身的缺陷。在政策层面,公共文化事业反映了通过政府主导下,以转移支付的手段向社会群体提供文化产品和服务的需求。在一个阶段的发展后,政府的角色由垄断性的生产者和提供者,逐渐转向提供制度环境。通过政府的权威性保障和市场的竞争性配置,激励各类主体为社会提供有效的文化产品和文化服务,公共文化服务可以实现公益化和市场化的有机结合。

对应文化产业和文化事业发展的政策思路,中国文化体制改革的启动自 2003 年开始。从三者的逻辑链条来看,"文化产业""文化体制改革"和"公共文化服务",它们之间存在着非常密切的逻辑关联:文化产业和公共文化服务覆盖了两个彼此互生、彼此互动的领域,而文化体制改革则是使这两大领域在制度和法规层面上得到重构的重要保证。[①]

从农村文化公共文化建设的情况看,十多年来国家对农村提供公共文化服务,主要通过垂直行政网络,以项目的方式进行建设。一方面是文化场馆建设。如"农家书屋工程"、乡镇综合文化站和村文化室建设等,基本实现"县有图书馆、文化馆,乡有综合文化站"的建设目标。另一方面是信息化和数字文化网络的设施建设。例如,电影下乡工程、广播电视村村通、文化信息资源共享工程。以"全国文化信息资源共享工程"为例,2002 年起,由文化部、财政部共同组织实施,目标在于应用现代信息技术,将文化信息资源进行数字化加工与整合,依托各级公共图书馆、文化馆(站)等公共文化设施,通过互联网、广播电视网、无线通信网等新型传播载体,在全国范围内实现文化资源的共建共享。

---

① 张晓明、胡惠林、章建刚:《2010 中国文化产业发展报告》,社会科学文献出版社 2010 年版,第 134 页。

二、公共文化服务的理论视域

"公共文化服务"的概念源于公共产品理论,同时从社会背景来看,20世纪七八十年代以来,世界范围内社会经济文化的变化塑造了文化政策的方向,而西方兴起的"公共治理""政府再造"及"新公共服务"等理论和实践运动,为国家文化行政改革和公共文化发展提供了思路。

在文化领域,20世纪70年代至90年代,世界各国的文化政策出现密集的变革和调整。一方面是市民社会对公共领域的文化权益产生了普遍的需求,1982年联合国教科文组织的世界文化政策大会,把文化作为一项重要指标,纳入世界经济、政治、社会发展战略。另一方面,文化的经济功能越来越显现出来。第二次世界大战以来,文化在经济复苏中的作用十分明显,文化产业被视为动态经济与社会转变的推动力,文化政策焦点逐渐转移至文化与经济目标的整合。20世纪90年代末期至今,各国文化与经济目标交融并重的文化政策已臻成熟,同时文化政策还倾向于满足人的发展需要的文化权利的实现和维护国家、民族文化主权的需要。

这期间西方国家文化政策的重要特征,是从国家单向的科层式供给文化产品过渡到多元互动合作模式。20世纪80年代以来,西方国家在应对财政危机和政府信任危机的情境下,行政体制普遍由原来的层级制的方式转向市场导向、更具弹性的公共管理,随着西方政府改革运动的深入,各国的文化体制、公共文化管理、文化政策都进入大规模的调整阶段。文化主导得以从政府机构逐渐转移到民间和社会机构,公共部门、社会团体、非营利组织、企业和个体组成复杂的文化治理网络系统,对文化政策的走向及文化政策实施的具体手段都产生了深刻的影响,而政府机构强化了其服务性特征。国家在政策层面更加注重文化权利的实现,强调公民的文化机会和文化活动的参与,推广多文化融合与文化多元性,重视地方性与社区性的文化价值。

西方国家一系列的文化政策变化,也受到公共行政管理理论的影响,以下几种理论为公共文化的发展提供了理论视域：一是公共选择理论。公共选择理论采用经济学来研究政府的管理活动及各个领域公共政策的制定和执行，通过民主决策的政治过程来决定公共产品的需求与供给。公共选择理论在公共文化政策中的意义在于通过政府与市场、政府与社会的关系重新界定，打破政府对公共服务的垄断，引入市场机制，给公众以自由选择的机会。二是新公共管理理论。新公共管理理论是 20 世纪 70 年代由英国发起并在美国及欧洲各国广泛盛行的关于政府管理的理论。新公共管理理论从经济学的视角出发，认为市场是最有效的资源分配方式，以政府有限理性和政府官员的经济人假设为前提，其核心是将企业管理运用于公共部门，将公共部门视为企业，强调市场竞争机制，强调政府工作的绩效评估、行政过程的透明取向以及成本效率。三是新公共服务理论。新公共服务理论倡导者是罗伯特·丹哈特（Robert B. Denhardt）和珍妮特·丹哈特（Janet V. Denhardt）。新公共服务理论认为政府的作用在于"服务"而非"掌舵"，强调"公平性""民主性""参与性"，从公民权利、社会资本、公共对话三个维度树立建立公共行政发展的标尺，建构政府与市民平等对话，沟通协商与互动合作的管理新模式。四是公共治理理论。公共治理理论兴起及其实践，是现代政治文明走向成熟的一个征兆，治理理论旨在通过灵活的制度安排，公民参与社会公共事务的管理和决策，在国家、市场和公民社会多维结构框架中最大化增大公共利益。

三、公共文化服务与市场

国家政策层面明确把我国的文化发展区分为公益性的文化事业单位和经营性的文化产业两部分，但是由于公共文化的领域十分庞大，国家的文化事业体制不可能完全覆盖，例如，以民俗形态存在的公共文化范围广泛、形态多元，具有历史连续性特征。公共文化服务与社会的文化认同和价值观塑造息息相关,也与文化的生产和文化产业的发展高度相关。因此,文化的市场化和文化产业的发展对公共文化服务的意义凸显出来。

由于文化的公共性特征和精神性本质,文化从精英走向大众、从私人领域不断进入公共领域是现代性的一个突出表征。① 文化从私人领域不断进入公共领域,其方式是多样的,如通过口头的传播、公开的展览等,但是文化大量从私人领域进入公共领域是以市场经济为媒介的。市场经济本身也具有公共性,哈贝马斯指出,由于市场经济的建立,"作为政府的对应物,市民社会建立起来,迄今为止一直局限于家庭经济的主动性和依附性冲破了家庭的藩篱,进入了公共领域"。因此,市场是私人产品获得公共性的最佳途径。②

首先,市场形成了健全而成熟的私人领域,个体得以接近和获取文化产品。市场与非市场的差别深刻地规定了文化之现代形态和前现代形态。市场是人类社会最好的民主制度之一,文化的市场化进程给予文化自身的影响和作用是多方面的,既有正面的积极促进作用,也有负面的消极阻碍作用。但文化市场化的积极作用显然更为显著,文化产品进入市场,不仅仅是获取利润,还有一个意义,那就是获得独立的地位与权力,同时从艺术资助人、贵族鉴赏者手中解放出来。市场通过其运行机制使文化从私人领域进入公共领域,形成了成熟健全的私人领域。只有私人领域的成熟才会形成公共领域的成熟,私人领域和公共领域不是对立的,而是一对相辅相成的概念。真正实现大众的文化权利,必须通过市场经济才能实现,个体对文化产品和文化资源的平等使用,是实现公共文化的基本条件和前提。

---

① 鲍金:《文化的商品与公共产品特性——兼与王晓升教授商榷》,《哲学动态》2008 年第 9 期。

② [德]尤尔根·哈贝马斯:《公共领域的结构转型》,曹卫东等译,学林出版社 1999 年版,第 20 页。

其次,现代文化产业使得大量的文化产品可以成为普通人的消费对象。现代文化产业的发展是在经济和技术手段的不断推动下形成的。从文化产业形成的路径来看,文化产业是西方现代文化发展的结果之一而不是其断裂。20世纪中叶以来,政治民主、教育普及、媒介技术、资本扩张等现代性要素是文化产业崛起的必要前提,充满戏剧性变化的政治、经济形势向传统文化形式提出挑战,而新的技术、新的生产与传播模式又有力地改造了文化格局。经由资本化、组织化和机械化的过程,文化产业迅速崛起,不但直接成为一种新的经济形式,而且在当代社会的每一个领域都占据着从未有过的重要地位,成为社会化的主要方式。因此,文化产业是工业化的产物,大规模复制建立在技术和资本基础上,依托大规模复制技术和数字化生产手段,以及源于大工厂的微观组织方式,构成文化产业发展的主流,文化产业因此具有了一般意义上的生产力形态。现代文化产业的生产方式一方面使得文化产品脱离了特定的仪式,失去了"灵光",但是也使得文化产品能够实现为大众所认知。当文化成为公共普遍生产和消费的对象后,公众的文化权利便越来越多地成为"直接"而非"代表型"的东西,任何权力都不能代表公众私人化的文化表达权利,不能代表公众接近、获取、享用和评价文化产品的权利。[①] 并且在这个过程中,由于多样化产品的供给,公众的文化权利得到更为彻底的实现。

最后,文化市场化使得文化的受惠面空前广泛,有助于文化的民主化进程。在市场化之前,普遍存在两种文化形态:精英文化和民间文化。精英文化与民间文化虽然有共同的文化源流,但在"文""野"分流后,精英文化形成一整套占有和生产文化符号的系统,经由以文化符号再生产为生的职业思想家的系统化和理论化,脱离了原生的环境,得到精致化的修筑,官方形成独占经营和解释这套符号体现的权利,使之成为统治合法性

---

① 张晓明、李河:《公共文化服务:理论和实践含义的探索》,《出版发行研究》2008年第3期。

的理论基础,并与民间社会疏离开来,多数人享受不到蕴含在精英文化中的所谓超越性的价值。民间文化是一个由血缘、亲情、习俗和重复性实践构成的自在天然的文化领域,尽管自由自在、充满活力,但在现代社会经济发展过程中民间文化被转化为与现代城市文化发展进程上的对立,并形成进步与落后的价值判断。

因此,真正使文化与大众产生紧密联系的是市场化进程。市场将私有文化的公共性释放出来,扩展为公共文化,将地域文化提升为全球文化,打破了精英文化和大众文化的藩篱。文化市场化进程的重要意义便是促进文化的民主化之路。在文化产品非常有限的时代,人们受制于文化产品的刚性分配制度,不可能通过自由选择来影响文化生产者的创作和传播,只能被动接受。但是在市场化时代,大众对文化产品可以通过选择、放弃或评价等方式来影响文化的生产,从而满足自己的特定需要。与其他产品相比较,文化产品具有开放性,正如斯图尔特霍尔认为,受众虽然不参与文本内容的生产,但却可以参与文本的解读,从而能通过解码参与文本意义的生产。尤其在媒介发生革命性变化的时代,市场参与文化生产的方式更加多元和迅捷。在法兰克福学派的文化批判理论中,文化产业被赋予了强烈的贬义,意味着文化与资本商业共谋来阉割人们对理想与自由的追求。但文化产业是发达的市场经济国家工业化中后期的产物,是与之相关的文化市场长期发展的结果。

第五章 "国家—社会"视域下的
博弈及融通

从"国家—社会"的双重视角审视农村公共文化产品过程中供给者和需求者的博弈与融通具有特殊的意义。在当前的农村公共文化产品供给结构中,国家代表了文化产品供给者的一方,社会则作为需求方存在。在"国家—社会"的分析框架下,国家与社会一直处于频繁的互动过程中,在农村公共文化产品供给上,既存在博弈,又有融通。

第一节 "国家—社会"分析模型的理论意义

长期以来,对国家与社会互动关系的分析一直局限于政治学和法律学的研究框架,但"国家—社会"理论在其他社会科学中也有重要的启发与借鉴意义。有些学者解构了"国家—社会"原有的意义,将国家视为并非与领土相联系的政治实体或政治共同体,而主要是指国家政治机构,即所谓的官方领域;而社会也不是一般意义上的人类生活共同体,而是相对于国家而言的概念。不受国家直接控制或可能相对独立于国家控制之外的自治组织或非官方领域,这种领域具有自组织化的特征,在国家力量或官方领域之外形成自身的运行逻辑。如此,在某种程度上泛化了该理论的适用范围。

查阅相关的文献会发现,在理论本土化的过程中很多学者都把"国家—社会"作为一个理论框架和分析范式推广应用到公共政策制定、社区治理、文化传承、农村发展、人口流动等多重现实领域的研究中,国家与社会的分析框架几乎成了当代中国社会研究的一个主流分析框架。尤其是20世纪70年代兴起的"治理理论"则把"国家与社会"理论应用到更宽广的公共治理方面。在处理国家与社会的关系方面,公共治理理论认为政府的角色不能被抹杀,其在公共资源配置、实现公民的基本权利、实现社会正义等方面均有不可或缺的重要性。另一方面,政府也不能是实施社会管理的唯一权力主体,在社会治理过程中也应该考虑其他组织的存在,如非政府组织、市场主体、社区自身的优势。

"国家—社会"理论在分析公共文化服务供给方面提供了一个完整的分析框架,在分析中国的具体社会问题时仍有较强的阐释力。对于农村公共文化产品的供给研究,借用该理论既可以从国家的角度来看待供给者的角色担当,也可以从社会的角度看待需求者的客观存在,综合考虑供给者和需求者的特点和性质,有助于提高农村公共文化产品的供给效率。因此,无论是供给城市还是农村的公共文化产品,必须既考虑国家的优势,又看到社会的优势,将二者所可能具有的功能和意义共同铺展于一个历史事项中,从国家和社会的双向角度全面分析二者在农村公共文化产品供给过程中的互动。

在国家的政策框架中,主要把国家作为农村公共文化产品的供给主体,而把社会作为农村公共文化产品的需求主体。当然在不同的历史阶段,国家与社会在农村公共文化产品供给中发生博弈,应将其置于特定的历史环境中来考察。最重要的是,要在现实的社会背景中分析二者在农村公共文化实践方面的博弈与融通,并认为国家与社会的关系并非只有"零和博弈"一种结果,而在理论和实践上都可以走向正向博弈,甚至建立合作关系,确保农村公共文化产品的供给秩序和效率。在进入主题之前,我们必须先了解国家与社会博弈的类型和具体内涵,才能了解国家和社会在农村公共文化产品供给上的各自优势。

第二节　国家与社会的关系类型

在不同的社会历史阶段,思想家们根据当时的社会环境提出了多种国家和社会关系的观点。归纳起来,国家与社会的理论阐释路径大致经历了"国家—社会"一体化、"国家—社会"二元对立、"国家—社会"协调共存三个不同的历史阶段。

一、亚里士多德的思想遗产——"国家—社会"一体化

"国家—社会"一体化的思想可追溯至亚里士多德(Aristotle)。亚里士多德初步区分了国家与社会,认为人们先组成家庭、村坊等社会性团体,再演化为政治性的团体即城邦,家庭内部主人的权威异于政治家的权威。[①] 从这个逻辑出发,城邦(即国家的雏形)是在家庭或村坊等具有社会性的组织的基础之上出现的,因此,二者具有同质性和一体性。"国家是人类联合体中至高无上的东西,其活动没有任何界限"[②],这一点与柏拉图的思想基本一致,二者都把个体、社会与国家视作是一体化的,国家在社会中,社会因国家而存在。

在亚里士多德眼里,国家就是社会,社会就是国家,国家是公民的国家,社会是国家的社会,两者融为一体。公民在城邦或国家内积极参

---

① [古希腊]亚里士多德:《政治学》,吴寿彭译,商务印书馆1994年版,第35页。
② [美]莱斯利·里普森:《政治学的重大问题——政治学导论》,刘晓译,华夏出版社2001年版,第137页。

与公共事务,共同维护城邦的利益,城邦置于作为个体的公民之上。因此,在亚里士多德看来,城邦与社会基本无分野,国家融于社会、社会融于国家。欧洲的中世纪时期,国家与社会的关系多被转化为国家与公民社会(civil society)的关系。"公民社会"在亚里士多德那里是一个"自由和平等的公民在一个合法界定的法律体系之下结成的伦理—政治共同体"①。

二、国家与社会的分离

在把国家和公民社会置于同一个框架的分析中,启蒙思想家按照社会契约论的精神来理解国家和社会的关系,首先形成了"社会本体论"的理论框架,其代表人物有洛克、霍布斯、卢梭。洛克认为国家权力的基础在于人们将个人的部分权力让渡给国家,国家的建立是基于社会契约。"立法和行政权力的原始权利是这两者之所以产生的缘由,政府和社会本身的起源也在于此。"②该理论的核心观点如洛克所言"社会先于或外在于国家",强调社会具有独立性,能自主实现协调的发展。认为国家只是从属于社会,政府干预行为对社会来说是一种"必要的恶",反对政府过多干预。

托马斯·潘恩(Thomas Paine)明确区分了国家与社会,认为社会首先是由单个人组成的,当人们德性软弱无力协调彼此之间的关系,国家才被创造出来。在潘恩看来,国家是被人们有意识创造出来的,用以处理彼此之间关系,为人群共同的生活提供秩序。将国家和社会区分开来,体现了近代西方政治哲学的基本倾向:国家因社会需要而产生,它以服务和保

---

① Jean L.Cohen, Andrew Arato, *Civil Society and Political Theory*, The MIT Press, 1994, pp. 20-28.

② [英]约翰·洛克:《政府论》下篇,丰俊功译,商务印书馆1964年版,第78页。

护社会为天职。且当国家不能提供这种功能时,人们可以推翻它。① 在这个意义上,国家只是为人们服务的"装置"或"工具",人们可以根据需要来处理国家。

黑格尔是将公民社会概念界定得最为完整的学者,他把公民社会定义为"各个成员作为独立的单个人的联合,因而也就是在形式普遍性中的联合,这种联合是通过成员的需要,通过保障人身和财产的法律制度,和通过维护他们特殊利益和公共利益的外部秩序而建立起来的"②。从这个定义来分析,国家是一种外部秩序,这个外部秩序的基础就是社会个体,因而国家要高于社会。到了 18 世纪末和 19 世纪初,以黑格尔为代表的思想家提出国家与社会的"国家本体论",即"社会国家化"理论,开辟了研究国家与社会关系的另一条途径。黑格尔将市民社会定义为由私人生活领域及其外部保障构成的整体。然而,作为普遍性原则体现者的国家,是伦理精神发展的最高阶段,街头和市民社会的法规和利益必须服务于它。③ 这也就是所谓的"社会国家化"的过程,即国家是人们伦理精神发展的结果,因而国家必然要高于社会。可以看出,"社会国家化"来自黑格尔关于"国家高于市民社会"的论述,强调国家实体对于形塑社会的力量,在"国家—社会"关系中社会被认为是附属于国家的,其特点是在承认国家与社会分离的前提下,认为国家高于市民社会,国家具有至高无上的绝对权威和神圣性,而社会只是国家的工具和附庸,其实质是"认定国家或政治的至高地位以及一切问题都可以最终诉求国家或依凭政治而获至解放"④。可以说,黑格尔透过对市民社会的低评价而实现对国家至

① 参见曾峻:《公共秩序的制度安排:国家与社会关系的框架及其运用》,学林出版社 2005 年版,第 6—8 页。

② [德]黑格尔:《法哲学原理》,范扬、张企泰译,商务印书馆 1961 年版,第 174 页。

③ 何增科:《市民社会概念的历史演变》,《中国社会科学》1994 年第 5 期。

④ 邓正来、J.C 亚历山大:《国家与市民社会——一种社会理论的研究路径》,上海人民出版社 2006 年版,第 103 页。

上的基本认定;相对于黑格尔,洛克透过对国家权力疆域的限定而对市民社会进行肯定。但是,黑格尔和洛克都强调国家与社会的相对分野,认为国家的政治性与社会的自主性是二元对立结构。

三、马克思的洞见——"国家—社会"的对立统一

经过马克思的发展,"国家—社会"理论走出了截然对立的困境,走向了对立统一。在批判性地吸收了黑格尔的思辨哲学的基础上,马克思形成了完善的"国家—社会"结构理论。他通过对黑格尔的政治国家与市民社会的分析工具的批判性改造,创立了历史唯物主义的国家与社会及其相互关系的分析范式,为当代世界政治国家与市民社会关系的两极分野、对立和冲突问题的解决提供了重要的分析视角,为我们科学把握国家与社会关系奠定了坚实的哲学方法论基础。[①] 在发表《资本论》之后,马克思的"国家—社会"结构理论逐渐完善,认识到国家和社会是有机统一的,主要由经济、政治和文化三个部分构成,生产力和生产关系、经济基础和上层建筑之间的矛盾运动,导致了"国家—社会"结构的变化并推动了社会的发展。由此,国家与社会之间消除了绝对的界限,而是在一个完整的现实框架内互构、补充、完善。

马克思强调,虽然国家是外在于社会的力量,它在产生之时就凌驾于社会之上,但这并不是国家统治社会的借口,国家最终会回归至社会乃至自行消亡,而社会则会在国家消亡之后很长一段时间内继续存在。马克思关于国家与社会互动的理论启示我们在分析具体问题时看到国家力量和社会力量之间的区别,在理解差异性的基础上主动平衡二者的力量,最终实现互相补益。

另外,马克思的研究启发了我们,国家是社会发展到一定历史阶段的

---

① 白立强:《究竟是"社会国家化"还是"国家社会化"?——从马克思"国家—社会"结构理论看当代中国"政治国家"与"市民社会"的关系》,《理论探讨》2007 年第 2 期。

产物,它植根于社会,对社会具有一定程度的渗透或统合功能,社会也须依赖于国家对其进行相应的调控、引导及关怀。"国家与社会"在理论上是可以实现良性互动的,可以是"一种双向的适度的制衡关系,透过这种互动,双方能够较好地抑制各自的内在弊端,使国家所维护的普遍意义与市民社会所捍卫的特殊利益得到符合社会总体发展趋势的平衡"①,也就是说,国家与社会良性循环的基础就在于国家权力与社会力量的相互补充。

四、国家与社会的多元关系

进入 20 世纪,国家与社会的关系呈现出多元化。理论家们在目睹了"政府失灵"和"市场失灵"的现实之后,逐渐了解到无论是国家与社会都有各自的劣势,二者已经超越了简单的单方优越论,他们积极吸收马克思关于国家与社会关系的理论,再次进行深入反思。运用现代社会学、政治学和经济学理论对国家与社会的关系进行研究,形成了多元化的理论体系。一方面,形成了突破古希腊时期"一元论"的"多元主义"和"回归国家学派"的理论思潮;另一方面,出现了"公民社会理论"和"国家限度理论"②。多元主义实质上是洛克"社会高于国家"的翻版,将国家视为被动的组织,过度强调社会的主动性和独立性,忽视了国家在场的客观性和优势性。而"回归国家学派"则主张国家权力的重新在场以矫正社会膨胀引致的负面影响,强调国家的自主性和外在性。"公民社会理论"是指相对于国家,社会是有一定自主权和自治权的公民共同体,该理论强调在国家与社会之间建立合作包容的关系,以达到治理国家和社会运行的理想

---

① 邓正来、景跃进:《构建中国的市民社会》,《中国社会科学辑刊(香港)》1992 年第 1 期。

② 王建生:《西方国家与社会关系理论流变》,《河南大学学报(社会科学版)》2010 年第 6 期。

目标,在实践中要强调国家与社会之间的合作与互动,培养公民精神,鼓励公民积极参与政治生活,发挥民间组织的主动性,使它们承担起更多的职能。"国家限度理论"则主张国家应该压缩其影响力,给社会一定的自主调控空间。其主要包括国家权力限度、国家行动限度和国家权威限度等三大方面。总之,国家限度理论的目的是希望能有效限制国家强度的机制以保证社会运作的高效率,避免社会对国家寄予过高的期望,否则会因为国家行动失效而导致社会挫败,影响社会对于国家权威的信赖,最终导致社会的失序。

将国家与社会作为有自主运行机制的不同实体,对于加强农村公共文化服务体系建设具有重要参考意义。如此可以清晰地看到国家和社会在农村公共文化产品供给者的角色定位,国家主要作为公共产品的供给者,社会作为公共产品的需求者,二者组构了一条完整的"供给—需求"链条,国家在农村公共文化产品供给时应考虑到社会需求,提高农村公共文化产品的消费效率。但也应该看到社会不是单纯的需求者,它同样可以作为供给者而出现,如此出现了将国家与社会都作为供给者的状况。确实,在"皇权不下乡"的历史时期,农村社会是公共文化产品的主要供给者,"国家"作为农村资源的"汲取者"出现。在现时期,国家与社会共同作为农村公共文化产品的供给者已具备条件。所以,"国家—社会"的分析框架的另一个意义,在于明确二者的优劣及边界,在农村公共文化产品供给过程中应扬长补短、博采各长,共同促进农村公共文化服务体系建设。

第三节 国家与社会在公共文化产品供给中的博弈

如果从博弈论的视角来看待国家和社会在农村公共文化产品供给中

的关系,即首先预设国家与社会是两个有着各自运行逻辑的实体,那么国家和社会就构成了一个简单的"二元博弈"结构。国家与社会在农村公共文化产品供给博弈过程中会出现两种不同的结果,一种为合作博弈,一种为非合作博弈。区分合作博弈和非合作博弈的关键,在于相互发生作用的二者是否有同等的协商能力。

合作博弈建立在国家与社会良性互动的基础上,二者在实践中互相补益,带来的是正向的结果;非合作博弈则把国家与社会建立在互相对立的假设上,二者在实践中互相竞争,带来的是负面的结果。实践证明,国家和社会在实践中总会暴露出互相挤对的一面,二者如果对立起来,导致的是非合作博弈,必然带来的是"零和博弈"的结果;但如果国家和社会建立合作的关系,超越简单的二元对立和单向度的思维,走向良性互动,实现"正和博弈",则能在双向适度制衡的关系中带来外部效益。

一、非合作博弈下国家与社会的农村公共文化产品供给

"非合作博弈"或"零和博弈"理论来源于经济学,是指不合作的各方,在严格竞争条件下出现的一方的收益以另一方的损失为代价,各方竞争对社会总体利益并无益处。农村公共文化产品供给中国家与社会的"零和博弈",是指国家与社会在公共文化产品供给中是一种竞争非合作的关系,国家的收益是以社会的损失为代价。在具体实践中互相排斥,并未实现公共文化产品供给和需求的有效衔接,导致公共文化产品使用效率降低、公共资源浪费的结果。

在社会主义探索的初级阶段,公共文化产品供给进入国家与社会的非合作博弈阶段。新中国成立初期,建立了中央高度集权的政治经济体制。国家利用政治和经济的两只手同时管控社会,社会与国家实现了高度的统一。与中央高度集权的政治体制相对应的,是行政管理体制上政府的全能行政管理。在行政体制结构中,政府处于权力的中心,拥有支配社会其他任何方面的权力。在管理策略上,国家在全国上下都设置了单位制度,单位取代了传统社会的基层成为国家管理社会的最基本的功能组织。在农村公共文化产品供给上,也几乎是国家和政府统一包办。

"政权下乡"政策方向确立以后,政治整合与文化整合相辅相成之下,国家对乡村社会带来了纵深影响。通过土地改革,国家政权组织第一次真正下沉到乡村,而且动摇了非正式权力网络的根基。农业合作化运动之后的人民公社体制,使农民社会前所未有的国家化了。人民公社在农村建构起了功能性的权力网络作用,使农民感受到国家的"在场",离散的乡土社会被高度整合到国家政权体系中来。① 在文化领域,政府在各地开办学校,发展教育事业,积极培育社会主义新人,如早期对少数民族干部的培养等模式开始形成。

进入"文化大革命"时期,农村公共文化产品的供给进入了一个高度的非合作博弈阶段。完全打破了新中国成立初期的双轨供给体制,转而变为国家在公共文化产品供给上的"全能主义"。20世纪80年代,有学者提出"全能主义"这一概念来解释国家的基本特征,认为国家权力可以侵入社会的各领域和个人生活的诸多方面。与"全能主义"的解释框架对应,清华大学孙立平提出了一个类似的概念来描述国家与社会的关系——"总体性社会"。指的是"社会的政治中心、意识形态中心、经济中心重合为一、国家与社会合为一体以及资源和权力的高度集中,使国家具有很强的动员和组织能力,但结构较为僵硬、凝滞"②。国家通过一系列政治运动和政策实践来达到对社会的全面控制。经历过社会主义改造、人民公社化运动、"文化大革命"等政治运动,国家的权力逐渐加强,而社会的节奏也与国家运动保持高度的一致。这种总体性社会的特征是国家

① 徐勇:《现代国家、乡土社会与制度建构》,中国物资出版社2009年版,第62页。
② 孙立平:《总体性社会研究:对改革前中国社会结构的概要分析》,《中国社会科学季刊》1993年第2期。

直接对民众实施影响,而缺乏中间环节的缓冲,社会基本上处于无自组织能力、内部控制力极其衰弱的状态,社会对国家高度依赖,以至于社会组织能力完全靠国家机器来驱动。

国家的全能主义或总体性社会体现在农村公共文化产品供给上,即意味着国家对具有意识形态色彩的文化产品进行全方位掌控,并通过国家的行政体系将其强行植入社会的各层级之中。在这种非合作博弈下国家对社会的挤压较为明显,结果体现在多个方面。首先受到冲击的是在乡村中扮演重要角色的传统宗教。中国的民间宗教在教化民众、整合乡村资源、维持农村社会秩序方面一直扮演着重要角色,宗教对人们生活影响的程度颇深。在 20 世纪 70 年代,宗教是严格的官方管理系统中的一部分,各类名目的民间宗教被贴上"异端""非正统"的标签,不是被强行取缔就是消亡;宗教人士多被劝退或受到打压。乡村原有的祭祀、宗教活动在意识形态的宣传和组织取缔的双重挤压面前,逐步退出了公共领地。

另一方面,原有的乡民娱乐与戏乐活动,逐渐被政社合一的公社内部的集体联欢以及汇演所取代。新的娱乐形式电影开始普及,成为乡民娱乐的重要方式。另外,社会所有的戏曲艺人和团体被逐渐地统合进了官方的文艺体制之内,新意识形态的宣传成为新时代文艺的主要功能;乡村原来很具有艺术才能和组织活动能力的戏头和香头之类的人物,如果不甘心退出历史舞台的话,也只能在公社半专业的宣传队和剧团以及民兵、妇、青、少活动中施展才能。作为连接皇权和乡村社会的中介——乡绅或村庄能人也消失了,大宗族势力分崩离析,凝聚各家族的宗祠被拆毁,由此导致原有意义上的乡村不复存在。① 农村的公共文化活动在"文化大革命"时期几乎全面禁止,各种民俗活动都受到抑制。

可以看到,在非合作博弈下,国家与社会的关系处于一种高度失衡的

① 张鸣:《爬上妙峰山看村民"自治"》,《读书》2001 年第 1 期。

状态。国家作为主流价值和正统话语的输出方,也作为农村公共文化产品的主要供给者而出现,完全安排着公共文化产品的所有供给和分配方式。但如果仅以国家为单一供给主体,则容易忽视或抹杀社会也可以是农村公共文化产品供给者的角色,而把农村社会当成是一个绝对的公共文化产品接受者,致使农村社会自主供给公共文化产品能力的丧失。另外,国家长期以来作为农村公共文化产品供给的单一主体,未能充分考虑农村社会的主体性需求,在供给方与需求方的融通上存在结构性张力,农民得不到内心需求的公共文化产品,因而对国家供给的农村公共文化产品采取"用脚投票"的方式,被动接受国家提供的公共产品,表达出对国家供给公共文化产品的消极态度,最终致使农村公共文化产品的使用效率低下。因此,如果把国家与社会对立起来,二者在农村公共文化产品的供给上始终呈现出一种"零和博弈"的关系。

二、非合作博弈的三个表现及其缺陷

国家与社会在农村公共文化产品供给方面的"零和博弈"主要表现在几个方面:第一,国家几乎完全主导农村社会公共文化产品的供给,损伤农民自主供给农村公共文化产品的自主能力;第二,国家供给的农村公共文化产品未能充分体现农民的主体性需求,导致农村公共文化产品使用率低下;第三,农村社会对国家供给的农村公共文化产品使用的不合作,致使国家在农村社会的文化管理职能部分失效。

从国家与社会"零和博弈"的第一个表现来看,国家几乎承担了当前农村公共文化产品供给的所有业务,从政策制定、产品设计、供给方案和产品投放等都是政府在一手操作,政府既是农村公共文化产品供给政策的制定者,又是农村公共文化产品供给资金的供应者、农村公共文化产品供给的安排者、农村公共文化产品形态和数量的决策者。

国家对农村社会的挤压,其结果就是国家对农村社会自主调控能力

的抽取,造成农村社会自生秩序的损坏。长久以来,国家力量与农村社会之间有较为明晰的界线,国家对农村社会的干预很少,久而久之,农村就形成了自我组织与管理的能力,从而催生了农村内部的自生秩序。这种自生秩序对于保障农民的利益、维持农村的运行具有重要的意义。农村自生秩序的一个重要面向即自主供给农村公共产品包括农村公共文化产品。民间教育、宗教信仰等都是农村自主供给农村公共文化产品的重要内容,在国家力量有效进入农村社会之前,就已经作为满足农民的精神需求的重要机制在运作。但是,一旦国家力量对农村社会进行强力挤压,农村社会的自生秩序就会断裂,农村自主供给农村公共文化产品的机制就很可能被打破。当国家不能有效补偿被打破的农村自主供给公共文化产品机制之时,农村社会自主供给公共文化产品的能力就会丧失。当农村社会长期处于公共文化产品缺失的真空状态时,农村的自生秩序就难以再接续。国家在农村公共文化产品供给方面表现出来的全能主义很容易形成农民的依赖心理,农民会在心理层面上认可国家本来就应该承担起全部农村公共文化产品供给的职能。久而久之,国家的负担就会越来越重,而农民也逐渐忘记自身曾经也能具备农村公共文化产品供给的能力。

近年的农村公共文化体系建设的实践,基本是国家充当农村公共文化产品供给的主要甚至单一主体,其他社会力量并没有充分参与到农村公共文化产品供给的事业中来。在进入公共文化服务建设以来,从政策文件的出台频率来看,自 2004 年开始,国家就不断加强农村地区的公共文化建设,陆续出台了各类政策文件,如中共中央办公厅、国务院办公厅下发的《关于进一步加强农村文化建设的意见》、2012 年中共中央办公厅、国务院办公厅分别印发《国家“十二五”时期文化改革发展规划纲要》、2013 年 11 月 12 日中国共产党第十八届中央委员会第三次全体会议通过的《中共中央关于全面深化改革若干重大问题的决定》、2014 年 4 月中共中央下发的《2014 年文化系统体制改革工作要点》及其《分工实施方案》、2015年5月国务院办公厅转发文化部等部门《关于做好政府向社会力量购买公共文化服务工作意见的通知》等。这些文件体现了政府对公共文化服务体系建设的重视及认知,农村中的各类文化活动场所、图书馆、农家书屋、电影下乡、戏剧演出、文体活动等都由政府统一安排资金和人员,按照政府的旨意投放公共文化产品和设施。由于公共文化产品本身的特点和性质,农民自主供给公共文化产品的意愿本就不高,加上国家的强力干预损伤了农村社会之前培育起来的自主供给能力,农民更加不会主动选择供给成本高昂的公共文化产品。

国家与社会"零和博弈"的第二个表现是,国家供给的农村公共文化产品未能充分体现农民的主体性需求。一方面,国家在农村基础文化设施建设、公共文化产品的均等化供给、公共文化活动的开展状况等方面,都存在总量不足的状况,未能满足时代对农村社会的要求。另一方面,即使政府供给了文化设施和文化产品,也是在未充分了解农民对公共文化产品供给的主体性需求的情况下提供的。从农村公共文化产品的供求关系上看,由于各种因素的影响,农民很难通过有效的途径表达自身的需求。政府作为供给者,没有建立农民的需求披露和反馈机制,抑或说地方政府根本没考虑过要征求农民对公共文化产品需求的意见。所以,农村公共文化产品的供给反映的不是农民的主体性需求,而是地方政府尤其是政府官员自身的偏好,结果导致农村公共文化产品供给过剩、农民需求未满足的现象出现。这种在农村公共文化产品供给的"零和博弈",表现为国家和农民从公共文化产品中获益较少,造成国家资源的极大浪费。

农村公共文化产品供需错位、资源闲置导致的一个必然结果就是农村公共文化产品使用效率的低下。有学者认为农村公共文化产品供给效率低下的原因,是由于农民平时农活繁忙,并无消费公共文化产品的时间和精力,因而农民实际上并没有消费公共文化的需求,所以农民对国家供给的公共文化产品不感兴趣。但是根据经验研究证明:与其说农民没有文化消费需求,毋宁说没有引起农民消费欲望的文化产品。

国家在基础文化设施和开展文化活动方面,多受地方官员的政绩观影响,地方政府倾向于投资那种表面上能看得见的文化设施来彰显地方政府的作为,突出当地政府的政绩。这些公共文化产品的供给不是根据农民的实际需要,而是根据政府自上而下的行政命令出现的,也是一些政府官员为追求自身政绩而不顾农民的实际需求而催生的,如"政绩"工程、形象工程等,最终从农村公共文化产品供给中受益的不是农民,而是地方官员。有些官员在供给公共文化产品时并不是根据农村的实际情况来选择符合农民需求的公共文化产品类型,而只是在上级部门的压力下随意选取一些"快餐式"的产品,未充分考虑农民是否需要这类公共文化产品,最终致使政府供给的公共文化产品使用效率低下,造成国家财政资源的极大浪费。

另外,从国家供给的农村公共文化基础设施的种类来看,很多县级政府并未向乡镇供给公共文化产品,即使有些县采取了措施,也仅有诸如乡镇综合文化站、农家书屋等相当基础性的公共文化设施,而在乡镇综合文化站、农家书屋中仅简单的配套有图书、体育健身器材,这些书籍和健身器材很多都从未使用,农民去查阅书籍、使用健身器材的次数极少。

国家与社会在农村公共文化产品供给"零和博弈"的第三个表现是,农村社会对国家供给的农村公共文化产品使用的不合作,导致国家在农村社会文化管理职能的缺失。这种结果首先是因为农民对政府供给的农村公共文化产品不感兴趣,公共文化产品未能有效满足农民的文化消费偏好。以农家书屋为例,农家书屋这一举措的初衷很好,而且在实践上也取得了一些正面的效果,但有些农家书屋并未发挥其应有的功能,因此图书借阅率很低的情况非常普遍,很多地方的农家书屋,管理人员基本一个星期都不需要开一次门,这些公共文化产品只能任由灰尘侵蚀。农民对农家书屋使用率低的主要原因,一是图书配置不足,图书的种类大多与农民生产生活的日常无关。农民所需要的是与农民生产劳动和日常生活密切相关的包含法律、政策、农用技术、卫生健康知识及娱乐等方面的书籍，很多捐赠图书的内容陈旧、质量难以保证，甚至是书店沉积多年、卖不出去的旧书，为了凑数量而捐到书屋，对农家书屋的创办宗旨并不相符，致使很多农村对农家书屋产生了抵触情绪。二是管理制度方面的缺陷。由于农家书屋的管理需要专人负责，但是专人往往是农民，他们有自己的农事安排，不可能全天都负责农家书屋的管理。而且，农村社会是一个熟人社会，这就决定了农家书屋的管理非规范化和非制度化，人们可以通过更温情的方式实现自身的借阅目的，如有些农民需要使用农家书屋的资源，可以在晚上农作结束后找管理人员，既符合农村社会人际交往的特征，又能在不耽误农事的情况下实现资源的利用。但这样的方式也决定了农家书屋管理的困难，如有人损坏设备或图书，管理人员也很难追究其责任，从而导致资源损坏率的提高，损害之后的补偿机制如果没能跟上，就会导致农家书屋资源的衰竭，造成有屋无资源的不良结果。农家书屋属于农村公共文化产品供给成本较高的产品类型，如果未能有效使用，无疑会造成国家资源的严重损失。

公共产品的供给者没有充分协调好农民的农作时间和休闲时间。政府供给的农村公共产品尤其是临时性的文化表演活动有时候很难吸引农民的观赏，因为没有充分考虑农民劳作的规律，所以导致"文化下乡"活动收效甚微。另外，在农忙季节，农民并不会时刻在家等候政府公共文化活动的到来，而是选择去地里劳作。对于有些重复性的文化活动，可能会呈现边际效果递减的规律，农民对新鲜的事物会感兴趣，但如果是重复性的"文化下乡"活动则会引发农民的反感，他们不会为了看一场演出或节目而放弃去劳作的机会，如果错过了农事会造成很多意外的麻烦，对于农民而言肯定会得不偿失，所以要牺牲农民的劳作时间来接受政府供给的公共文化产品显然会使农民产生抵触情绪，导致"文化下乡"活动"有节目无观众"的结果。

政府供给的农村公共文化产品未能充分考虑农民的需求层次。总体而言,当前普遍存在农民接受国民序列教育程度不高、掌握地方性知识较为丰富的事实,也是一个致使公共文化服务效率低下的原因。农民的文化需求与受教育程度高的城市居民相比还处在较低层次,农民喜闻乐见的公共文化产品或服务一般具有"通俗易懂、贴近生活"的特点,对于国家供给的与农民文化品位严重脱离的一些文化产品自然很难获得农民的认可。农民对文化产品的接受或拒斥都会通过"用脚投票"的方式显现出来,对于自己喜欢的公共文化产品他们会去消费,而对于与自己的文化品位不相符、文化需求不契合的公共文化产品他们则不会接受,如此带来的是公共文化产品投放的失效。

很多时候,农民并不主动披露自己的公共文化产品需求偏好,对于国家供给的公共文化产品他们也不是被动地、完全地接受,而是根据与自己的实际文化消费取向来选择性地消费国家供给的公共文化产品。一旦农民不接受国家供给的农村公共文化产品,他们就会对国家供给的农村公共文化产品表现出不合作的态度,这种不信任会对国家在农村社会的投资造成一定的阻力,影响国家建设农村公共文化服务体系的进度。

总之,国家与社会在供给农村公共文化产品的"零和博弈"状态存在诸多缺陷。以中国供给农村公共文化产品的实践现实来看,新中国成立以来国家是农村公共文化产品的供给主体,而农民大多是被动地接受国家供给的农村公共文化产品,一方面丧失了农民自主供给公共文化产品的主动性,致使农民形成了国家供给农村公共文化产品的依赖;另一方面是国家与社会的供需错位,导致农村公共文化产品的供给效率低下,很多公共文化产品都未能反映农民的主体性需求,所以农民对这类公共文化产品并不满意,其最终结果只能是农村公共文化产品供给的失效。

全国农村文化联合调研课题组对农村公共文化设施建设和使用情况

的调查结果显示,政府供给公共文化产品的类型最多的是有线电视系统或电视差转台,其次是农村文化活动室,再次是农技学校或培训班、有线广播和老年活动室。而对于这类农村公共文化产品的使用情况,农民使用最多或常去的公共文化活动场所首先是文化活动室或图书室,其次是有线电视或电视差转台,再次是体育设施、戏台或戏楼。而农民日常最少去或使用频率不高的公共文化设施分别是公共电子阅览室、录像厅、个体文化室或个体网吧等。由此可见,政府供给的有些类型的农村公共文化产品是低效甚至无效的,造成了公共文化资源的大量闲置。

单纯由国家对农村公共文化产品供给会导致供给制度不公平、政府错位、决策机制不科学等问题出现。供给制度不公平主要体现在城乡资源配置不公平上。新中国成立之后,我国确立的是优先发展重工业、农业哺育工业的发展战略,资源流向是从农村至城市。在公共产品供给上实现"城乡二元化"的政策,城市居民可以享受到政府提供的各类公共文化服务,而农民享受的公共文化产品则主要由农民自己进行成本分摊,而不是由政府统一从强制性税收中进行安排,农民没有享受到和城市居民同等的待遇。农民甚至享受不到国家供给的公共文化产品,因而农村公共文化产品供给呈现出供给制度设计上的不公平。[①]

国家排挤社会的另一个结果则是政府在农村公共文化产品中的错位。政府作为行动者,其权力是有边界的。"政府错位"主要指涉及两级或多级政府在农村公共文化产品供给中的责任时,由于缺乏明确的权责划分,往往会出现越级管理、多级管理、相互推诿等问题。如上一级政府倾向于把本该由本级承担的责任向下一级政府转移,结果导致基层政府承担的任务累积,最终自然会导致农村公共文化产品的供给失效;在决策机制方面,我国农村公共文化产品的制度设计、产品类型、供给方式等基

---

① 张天学、阚培佩:《我国现行公共文化产品供给的制度困境和对策》,《理论月刊》2011年第5期。

本都由国家或政府负责,政府是农村公共文化产品的主要供给者甚至在某些区域是唯一供给者。如此一来,政府既作为决策者,又作为执行者,还作为评估者,这种单一的供给模式不可避免地导致决策机制"自上而下""单向传输""强制供给"。

三、合作博弈下国家与社会的农村公共文化产品供给

非合作博弈是当前农村公共文化服务体系建设的瓶颈,解决方案是国家与社会的合作博弈。农村公共文化产品供给中的合作博弈,是指国家和社会在农村公共文化产品供给过程中,达成具有约束力的协议,二者在公共文化产品供给实践中有同等的话语权。为了实现此目标,基于中国当前国家与社会的权力结构,最有效的方式即建立一套"强国家—强社会"的关系模式。

将国家与社会划分为两个不同的行为主体,以强和弱两个维度可以建构出一个包含四种国家与社会关系的理想模型,即"强国家—弱社会""强国家—强社会""弱国家—强社会""弱国家—弱社会"四种不同的类型。从二者的互动关系出发来分析国家与社会的关系可得出:"强国家—弱社会"的关系模型中,政府占主导地位,社会依附于国家,这种关系模型对应的社会状况可见于新中国成立初期至1980年之前的中国社会,国家有着强大的支配社会的权力;"强国家—强社会"是一种国家与社会互相衔接,政府与社会都较为强大的状况,国家与社会都有一定的自主边界,能互相地发生作用;"弱国家—强社会"是一种社会自治,政府的力量处于极为微弱状态的情况,在西方国家兴起的自由主义或空想主义就属于此种类型,但实践结果表明,当前的历史背景还不足以实现"弱国家—强社会"的条件;"弱国家—弱社会"是一种国家与社会基本都处于涣散的状态,二者难以衔接,混乱不堪。

不管是人类的政治实践还是中国本土的政治实践都有效地表明了,

国家与社会都有其内部的缺陷,其最终的出路必须走"强国家—强社会"的道路,这条道路有利于在农村公共文化产品供给中,超越国家与社会的零和博弈困境而走向一种"正和博弈"。因为这条道路在承认国家和社会各自的短板之后,凸显的是国家与社会各自的权力增长,强调的是国家与社会在农村公共文化产品供给中的平等对话、良性互动和共创互赢。

从当前中国的国家与社会权力结构的现实状况判断,在农村公共文化产品供给中,国家权力明显要大于社会权力,农村社会基本对产品数量、类型、基础设施建设等没有话语权,国家掌握农村公共文化产品供给的绝对控制权。按照之前的分析逻辑,"强国家—强社会"在农村公共文化产品供给中有双重含义:一是国家作为公共产品供给者、社会作为公共产品需求者的情形;二是国家和社会都作为公共产品供给者的情形。第一种情形需要融通供给者和需求者,将产品供给和消费需求有机耦合,实现公共产品的实用高效;第二种情形类似于双轨供给体制,但又与传统时期的双轨权力结构下的农村公共文化产品供给不同,它具有鲜明的时代性,体现在现代权利观念的演进过程中。

如前所述,在传统的双轨权力结构中,中央政府供给的公共文化产品主要以虚拟的符号"在场"为主,极少提供具体的文化产品,通过这些符号,村民以自己的文化框架想象国家的存在。由于"皇权不下乡"的传统,具体而微的公共文化产品全部由乡村承担。"强国家—强社会"的关系模式强调社会在农村公共文化产品供给中的角色凸显,一是突出其对公共文化产品类型和供给方式的平等决策和协商机制;二是赋予社会本身或其他现代社会组织参与供给农村公共文化产品的权利。现代社会性、功能性组织的发展力量不可小觑,它们可以在农村公共文化产品供给中占据一席之地。实施的方式可借鉴德国学者施密特所言的"利益代表机制",具体的实施过程为"选民团体组织成为有限数目的、单一目标的、强制性的、等级制的和功能分化的不同范畴,通过国家的再组织或认定

(如果不是创造的话),并由国家为其保证在各相关领域的特殊的代表权的垄断地位。作为交换,这些组织在其领袖的选择和需求与支持的活动方面遵循(国家)的某种控制"①。通过为社会组织赋权使其高度参与到农村公共文化产品供给序列中来,保证农村公共文化产品供给的公平性和高效率。

发展"强国家—强社会"的关系模式,对解决当前农村公共文化产品供给中出现的低效率问题具有重要意义。国家在自身能力不断增强的条件下,应该注重培育社会的自主能力,使各种合理的社会力量在国家的许可和鼓舞下成长壮大,自治能力和自主决策的空间不断扩展。在这种情况下,国家与社会就能较好地实现协调发展。中国在改革开放以后,逐步地限制中央政府的权力,国家在对社会的控制范围和控制手段方面开始科学化、规范化和民主化,逐步将社会的权力归还,因此带来的是社会的流动性和创造性的大幅提升,社会的自生力量开始萌发。各类民间社团,如行业协会、学术性团体、公益性组织等自发组织不断产生且力量不断壮大;基层民主自治组织,如村民委员会、街道居委会等逐渐制度化并实现自我管理,这些社会组织都可以成为农村公共文化产品供给的重要力量。

可以说,"强国家—强社会"的关系模式是一种既能保证社会的独立性与自主性,又能充分发挥国家作为社会整体利益的代表,对社会经济生活的协调与控制的理想关系类型。在这种关系模式下,国家与社会之间不是对立和冲突,而是一种相互制约又相互合作、相互独立又彼此依赖的有机统一的关系。实践经验告诉我们,在现实社会中国家并不总是万能的,国家在包揽农村公共文化产品供给时出现的一些现实问题,有力说明了这一点。国家需要培育新的社会力量参与到诸如农村公共文化产品供给等公共事物的管理中来,需要成立既能代表私人利益,又能代表集体利

---

① Schmitl Philip, *Still the Century of Corporatism*? The Review of Politics,1974(1):20.

益的中间组织参与到问题解决的决策行列中来。面对日益复杂的外部环境,国家需要探索发展社会力量的路径,形成国家与社会合作的机制来实现一种合作主义,培植新的社会功能组织。这种新的功能组织能够在国家的授权下获得合法的参与地位,其自治性和权利得到认可,有自己合法代表参与决策咨询,对公共事务负有责任,与国家体制之间建立起常规的联系和沟通。在社会力量能为国家解决问题的条件下,国家也会反过来确证社会组织的合法性,最终使社会获得一定的自主性,实现与国家的合作,共同为秩序的维护作出贡献。若将这种合作关系转移到农村公共文化产品的供给上来,赋予社会的功能性组织适恰地供给农村公共文化产品的权利,引导其参与到农村公共文化体系建设中来,必然会提高农村公共文化产品的供给效率和建设成效。

第四节 国家—社会视角下供给者与需求者的融通

"强国家—强社会"关系模式的另一面,是坚持国家与社会的合作主义。合作主义的基础是合作博弈,但又超越了简单的合作博弈范畴,使国家和社会走出相互竞争局面、实现平等合作。合作主义是西方学者在见证国家与社会各自缺陷的基础上提出的一套理论体系,该理论对提高农村公共文化产品供给效率、优化农村公共文化服务体系建设具有重要的参考价值。与合作博弈一样,国家与社会视角下农村公共文化产品供给者与需求者的融通需要国家的主动授权。

一、合作主义作为融通的指导思想

关于国家与社会合作的理论探讨始于19世纪的欧洲,其理论雏形是德国卡尔·施密特(Carl Schmitt)的合作主义(corporatism),即国家与公民之间的冲突可以通过合作的方式得到有效解决。国家与社会合作的最终目的是要实现和谐的秩序。在施密特看来,合作主义是"一个利益代表系统,是一个特指的观念、模式或制度安排类型。它的作用,是将公民社会中的组织化利益联合到国家的决策结构中"①。施密特的思想实质上是当时欧洲天主教义与民族主义理论的结合,因为天主教义强调的是社会的和谐统一,而后者则强调社会个体对民族利益的服从,最终达到社会的统一。天主教义与民族主义综合起来就形成了合作思想的传统主题:提倡和谐、一致的社会秩序。从这个意义上讲,国家与社会的合作是以社会被整合进国家之中为条件,社会在国家认可和授权的情况下与国家协商,从而借助国家的力量实现秩序的统一。

现代合作主义的思想源泉则直接来源于20世纪90年代西方的"中间路线"理论。在争论国家与社会的互动关系过程中,随着环境的阶段性变化,西方资本主义国家实践出了国家与社会的"中间路线",认为国家与社会之间并不是截然对立的博弈的关系,二者还存在着合作。在此,国家与社会可以超越简单的竞争和博弈关系,而能够走向双向合作、互相促进的新阶段。其中埃文斯的"国家与社会共治"理论是典型代表。该理论认为,国家和社会必须是一种合作关系才能解决现实中国家和社会作为组织出现的弊端问题;另外,米格代尔提出的"社会中的国家"理论,该理论冲破了传统的国家观,提出国家与社会要相互赋权(mutual empowerment)和相互形构(mutual transformation),国家和社会才能实现良性的互动;美国的诺贝尔经济学奖得主奥斯特罗姆提出了"公与私合作伙伴关系"理论,认为公共事务政府并不一定只能是唯一的供给主体和管理机构,政府在公共事务中不能既是安排者又是提供者,而是可以冲破这种单一的供给主体,让多种组织或机构力量参与到公共事务的管理中来。

---

① Schmitl philip, *Still the Century of Corporatism?*, The Review of Politics, 1974(1):pp. 93-94.

奥斯特罗姆最重要的贡献在于认识到单纯以国家或市场为解决公共事物唯一途径都会出现问题,国家与社会是合作与互补的关系,二者是互相促进的。逐渐地,西方资本主义国家开始既通过国家力量,又有效利用社会力量,共同参与到公共事务的管理中来,逐步消除国家与社会之间的对立竞争关系,充分发挥国家和社会的各自优势,共同实现某种治理目标。

合作主义的理论要点有五个方面的内容:第一,有国家参与、社会参与则以功能团体的形式出现,它们互相承认对方的合法性资格和权利;第二,它的中心任务是将社会利益组织、集中和传达到国家决策体制中去,因而它代表着国家社会的一种结构(制度化)联系;第三,功能团体间是非竞争的关系,其数量是限定的,对相关的公共事务有建议、咨询责任;第四,体系内的组织以层级秩序排列,功能团体在自己的领域内享有垄断性的代表地位;第五,作为交换,对功能团体的领袖选举、利益诉求和组织支持等事项,国家应有一定程度的掌握。

"合作主义"理论的一个重要前提是公民社会(civil society)的发展。"公民社会"概念在西方的提出由来已久,亚里士多德的"politike Koinonia"可谓公民社会的前身,该词用以指代"政治共同体或城邦国家"。黑格尔等人则认为公民社会"是各个成员作为独立的单个人的联合,因而也就是在形式普遍性中的联合,这种联合是通过成员的需要,通过保障人身和财产的法律制度和通过维护他们特殊利益和公共利益的外部秩序而建立起来的"①。在这里,公民社会是一个由具有公民性质的个体联合而成的社会形态,这些个体是具有公民精神的个体。因而,公民社会的核心是公民。高丙中提出的公民社会的定义认为,公民社会是一个共同体内的成员相互之间以公民精神善待,尤其是通过结社来实践这种价值的社会,同样强调了公民精神作为公民社会存在的核心支柱。② 如此,国家与社会的合

---

① 顾成敏:《西方公民社会概念的历史演变》,《开封大学学报》2011年第3期。
② 高丙中:《"公民社会"概念与中国现实》,《思想战线》2012年第1期。

作很重要的条件是公民精神的发展。西方发达资本主义国家在其特定的历史进程中有效地培育了一些具有公民精神的国民,因而"合作主义"理论在西方国家的实践比中国本土的情况要相对成熟。

在公共文化产品供给领域,同样需借鉴合作主义理论。在农村公共文化产品的供给主体选择方面,国家与社会并不总是一种"零和博弈"的竞争关系,二者还存在另外一种可能性,即国家与社会的合作。实践经验告诉我们:无论是以国家为单一的供给主体还是以农村社会为单一的供给主体在当前的社会背景都难以达到理想的效果。以国家为单一的供给主体有诸多缺陷,如在公共文化产品均等化供给中国家的单向决策,造成供给主体与需求主体的脱节,最终导致资源的浪费;而农村社会自主供给公共文化产品在当前的社会现实状况下难以实现,至少农村社会内部的差异悬殊,只有极少部分农村地区能实现农村公共文化产品的自主供给。而且,即使在供给的这些农村文化产品中也存在良莠不齐的状况,农民自主供给的公共文化产品并不总是能与社会总体的精神建设要求相符合。如此,农村自主供给公共文化产品的困境,一是在当前的社会情境下被抽离了动力基础,二是其供给的产品并不总是能满足农民社会走向现代化的要求,公共文化产品的质量有待提升。国家与社会的极化最终都只会导致国家与社会的零和博弈结果,为了解决这种问题,应该在制度设计上确立一种国家与社会合作的机制、超越国家与社会的博弈竞争,实现农村公共文化产品供给者与需求者的融通。

二、融通的现实障碍

在"国家—社会"视角下,合作主义提供了一条融通供给者与需求者的路径。在具体的农村公共文化产品供给方面,供给者和需求者的融通依然存在着某些障碍,一是农村社会自主供给公共文化产品能力的萎缩,二是农民文化权利意识的欠缺。

(一)从自主供给向国家供给的全面让渡

新中国成立后的一系列政治运动后,中国农村原有的社会秩序被打乱,以前由村庄长老、士绅阶层、宗族势力等传统力量主导着的农村发生了改变,帝制时期稳定的社会结构被不断消解,农民自主提供公共文化产品维持社会秩序的能力不断衰减。以秦朝封建君主制的建立为分析起点,到中华人民共和国建立社会主义制度之前,中央王朝对社会的控制很强。然而,此论断建立在将封建统治的权力结构简化为"中央王朝—乡绅—农村社会"假设上。该模型认为国家力量向农村社会的延伸需要通过中间阶层——乡绅(秀才、地主)来实现。所以,"中央对社会的控制很强"意味着中央对士绅阶层的管控较严,而不是对农民的直接控制,"皇权不下乡"的"士绅模式"是封建时期的主流模式。

"士绅社会"是中华人民共和国成立之前的历史时段内,国家与社会关系认可度最广的一种解释框架。"士绅社会"模式的持有者认为,士绅阶层是连接中央王权和乡村社会的中介,中央王权通过对士绅这一政治、经济或文化精英阶层把权力的触角延伸至乡村社会的内部。封建社会的政治体制主要延续秦时期的郡县制,受人力、财力的限制,中央王朝对农村的直接统治能力有限,因而必须借助中间阶层来实现特定目标。而农民也因多数不识字,其诉求多寄托乡绅来表达。

费孝通指出,传统的乡村社会是一个安土重迁的社会,人口流动性很小,基本是生于斯、长于斯、死于斯的社会①。长期的代际相传,使得一些家族逐渐地在当地生成了特定的势力,出现了实力不一的名门望族,也就是所谓的精英家庭或家族。单个家庭附着于宗族的势力之下行事。所以,在传统的"士绅社会",个人生下来就在宗族文化浓厚的氛围中濡化,形成了尊重父权、尊重家族长老的意识。而家族或宗族的维持一定需要

---

① 费孝通:《乡土中国》,人民出版社 2008 年版,第 62 页。

强有力的精英支撑,以封建皇权为代表的国家权力,就是通过家族或宗族的精英,实现对社会及乡土社会的成员的部分支配和控制。

卜正民认为"士绅社会"是"一个由获得功名的精英主宰的社会,它处于由地方行政官代表的公共事务领域与个人及其家族的私人领域之间"①,因而,士绅阶层是联结国家与社会的一个重要中介。此外,中央王朝还通过向士绅阶层灌输意识形态来维护其统治,如通过确立儒家思想的主流地位来向知识分子灌输"修身、齐家、治国、平天下"的人生理想。辩证地来讲,中央王权对乡村社会的管控在不同历史时期都有差异。总体而言,中央王朝对于农村社会的管控较为松散,但有些时期社会的自主管理权也会被高度压缩,甚至有些历史时期被国家化,必须依赖"士绅"阶层才能实现其目标。

所以,在帝制时代,一方面国家权力总体上倾向对社会挤压,二者关系长期处于凝滞状态;但在另一方面,国家权力对农村社会的渗透能力有限,中央王朝并非总是能将其权力的触角延伸至社会的各个层面,也不可能对其所辖的区域和人群进行强效的管控,国家对社会的管控主要在税收方面。如闻均天所言:"在上为极专制之政府,居下为极放任之人民,人民与政府的关系,除纳税诉讼外,几不相过问。"②马克斯·韦伯也认为,"事实上,中华帝国正式的皇权统辖权只施行于都市地区和次都市地区。出了城墙之外,中央权威的有效性便大大地减弱乃至消失"③。美国家族史专家古德也提出"在中华帝国统治下,行政机构的管理还没有渗透到乡村一级,而宗族特有的势力却一直维护着乡村社会的安定和秩序"④,认为宗族维持了乡村社会的秩序。弗里德曼在《中国东南的宗族

---

① 卜正民:《为权力祈祷:佛教与晚明中国士绅社会的形成》,江苏人民出版社 2005 年版,第 21 页。

② 闻均天:《中国保甲制》,商务印书馆 1935 年版,第 49 页。

③ [德]马克斯·韦伯:《儒教与道教》,洪天富译,江苏人民出版社 1993 年版,第 110 页。

④ [美]古德:《家庭》,魏章玲译,社会科学文献出版社 1986 年版,第 166 页。

组织》一书中全面分析了中国东南汉人社会宗族组织广泛存在及其形成的具体原因。主流学术界认为,中国的农村社会是一个自组织的社会,国家权力对农村社会的干预有限。在国家基层政权组织之下,出现了职能单一的民间自治团体如教化组织、救济组织、祭祀组织等,负责管理基层社会生活中某一方面的公共事务。以上各种组织主要负责办学校、设义仓、兴水利、植树木、垦荒地、倡副业、调节民事纠纷等民间事务,同时协助办理乡政,由官府指定乡民多为地主豪绅总管。① 由此可见,传统时期农村的运作多靠自身的组织能力,有着自身运作的一套体系。

可以看到,国家与乡村社会最紧密的联系只在于税收,除此之外,国家很少对乡村社会进行实质上的管理。但乡村社会与整个帝国共享一套文化符号,因此国家和社会在意识形态方面是融通的,主流意识形态的传导主要依靠士绅阶层。正所谓"国权不下县,县下惟宗族,宗族皆自治,自治靠伦理,伦理造乡绅"②。这套逻辑在传统时期的中国长期存在也长期有效。中央王朝也并未给农村供给公共文化产品,农村的公共文化产品最主要的是农民自主供给。在中央权力长期未干预的农村社会形成了一套农村自生的秩序,来组织、维持农村社会的运行。南方汉人社会的宗族组织与私塾、北方汉人社会的社、少数民族地区的公共文化场所和宗教祭祀活动都是农村自主供给公共文化产品的途径。

但到了晚清,随着新政废科举兴新学,原本连接乡村社会和国家的政治文化纽带被剪断,农村社会"士"这一阶级的数量和影响力衰退严重,精英人士不断从乡土社会被汲取出去,留住乡村的精英逐渐呈现劣化的趋势,由此,拉开了农村传统文化秩序瓦解的序幕。在改革开放很长一段时间之后,农村社会才又逐渐恢复一些文化活动,村落重新回归到以家庭

① 高华:《近代中国社会转型的历史教训》,《战略与管理》1995年第4期。
② 秦晖:《传统十论——本土社会的制度文化与其变革》,复旦大学出版社2003年版,第3页。

("农户")为主体,传统的各种纽带才再次复兴,特别是各种庙宇的重建,修族谱活动的盛行和宗族活动的再次复兴,还有各种具有地方特色的传统文化活动也得到了复兴。[①] 但国家对社会的干预能力依然很强,很多农村的传统文化活动依然未能重新回归,农民的文化生活较为匮乏。可以说,改革开放以后,村落自生秩序各种形式的复兴在我国各地农村是一个普遍现象,但这并不意味着自生秩序与现代国家实现了有效衔接。农村社会秩序的维持依然高度和国家的行动联系在一起,依照国家的政策方针行动,内部自身的治理能力还未恢复。国家向农村社会索取资源的现象依然较为普遍,国家和农村社会在公共产品供给方面依然处于"零和博弈"的状态,在农村公共文化产品的供给方面也是如此。

(二)农民对公共文化产品的消极态度

文化权利是人们参加文化生活、享受科学进步及其应用所产生的利益以及对其本人的任何科学、文学或艺术作品所产生的精神上和物质上的利益享受得到保护的权利,是现代公民必不可少的权利类型。文化权利当然包括人们选择文化产品类型、自主生产具有正向社会功能文化产品的权利。在农村公共文化产品供给层面上实现国家与社会的融通需要农民的参与,更确切地说要在农民文化权利意识的激励下积极参与设计农村公共文化产品的供给机制。

在国家主导供给农村公共文化产品的条件下,农民时常会忽略自身合法的文化权利,对国家供给的产品即使不接受也倾向于隐藏自身对文化产品的态度。究其原因,是因为农民文化权利意识薄弱。例如,近年来从中央到地方兴起的"送戏下乡"活动,运用政府购买、财政补贴等多种形式持续地组织专业或非专业团队向农村地区送戏,在不同农民的眼中具有不同的反响。

---

① 阎云翔:《私人生活的变革:一个中国村庄里的爱情、家庭与亲密关系(1949—1999)》,上海书店 2006 年版,第 253 页。

在缺乏现代公民权利意识的农村社会,农民并不理解"文化权利"这样一个新近舶来的概念,更遑论认为文化权利属于自己应有的合法权利。在现代民族国家制度确立之前,传统时期的农民对文化生活的理解是接受教育,学习"四书五经"等内容来实现"修身、齐家、治国、平天下"的人生理想。传统的士人也只尊崇中央王朝制定的考核方式,而从不会对考核内容或考核方式提出个人的看法。国家对社会的压缩也导致了农民隐匿个人的意见,对于国家有些时候对农民原有村庄秩序、文化生态破坏的情形采取逆来顺受的态度,极少与国家发生直接对抗。当前的公共文化产品供给同样如此,在国家与社会权力不对等的条件下,农民并不会表达自身对公共文化产品供给的主体性需求。

三、国家—社会视角下的融通路径

只有在国家与社会建立合作关系的前提下,公共文化产品的供给者和需求者才能有效融通。在"国家—社会"的理论框架中,国家是农村公共文化产品的供给者,而社会在本书则特指乡村社会或农村社会,如此一来,农村社会或者说农民则主要是公共文化产品的需求者。在国家权力未渗透进农村之前,农村社会也可以是公共产品的供给者,如兴修水利、道路、修建公共宗教、教育场所等,都能由农民自主实现,如今,农村对公共文化产品的供给能力则极其微弱。这就涉及一个问题:国家和社会供给的公共文化产品,其内涵和实质是异质的。

在农村公共文化服务体系建设方面,以前农村自主提供的文化产品是为维持农村社会秩序服务的,一方面是公共性的祭祀场所或教育平台,另一方面是公共休闲性的场所或娱乐方式。这类公共文化产品的外溢程度很小,往往限于村庄范围或某一小区域的跨村庄聚居地,在广度和影响上无法与当前国家供给的公共文化产品相比较。即是说,国家提供的农村公共文化产品与农村社会自主提供的文化产品,在内涵和适用度方面是有相当大差异的。国家供给公共文化产品首先是一种均等化、全覆盖的方式,其初衷是构建一套全民性的公共文化产品或服务体系。目前,农村的公共文化服务主体大多让位于政府,如儿童的义务教育问题、农家书屋建设、乡镇文化站建设等都是由政府决策供给,农村不可能自主供给这类公共服务;除了这类刚需性的产品,国家还向农村供给娱乐性、休闲性的公共文化产品,如"送戏下乡""送电影下乡"等其他文娱活动,周期性地满足农民的精神文化消费需求。

总体而言,以国家为单一供给主体对农村地区进行公共文化产品的输出取得相当成效,国家在政策和实践等方面所取得的成果不容否认,基本公共文化服务标准化、均等化建设得到加强。在国家的主导下,通过五大工程(农村广播电视村村通户户通工程、乡镇综合文化站工程、农村电影放映工程、农家书屋工程、农村数字文化工程),迅速提升了农村公共文化服务能力。在乡村一级,为解决基层文化设施"空壳"问题,中央财政安排乡镇文化站和城市社区文化中心(文化活动室)设备购置专项资金,对基层文化设施设备购置进行补助,很多地方已建成基层综合性文化服务中心,通过从中央到地方"自上而下"将公共文化资源逐步过渡到乡村。为推进贫困地区现代公共文化服务体系建设,文化部等部门先后组织实施贫困地区"百县万村综合性文化服务中心示范工程""村文化活动室设备购置项目""流动文化车配备项目""'阳光工程'——中西部农村文化志愿服务行动计划"等项目。[①] 可以看到,国家出台了多部针对公共文化服务体系建设、农村公共文化服务的政策文件;在部分地区已经初步建成了体系完善的公共文化服务体系,这些都是社会力量无法实现的;在基本公共文化服务标准化、均等化方面取得了显著成就,对农村公共文化产品服务体系建设的思路也越发清晰。

---

① 韩业庭:《十八大以来我国构建现代公共文化服务体系成就述评》,《光明日报》2017年9月29日。

可见,国家在公共文化服务体系建设的探索方面已经取得很多经验。尽管在事实上,很多农村地区并未能实现与城市和其他地区公共文化服务的均等化,多数农民依然享受不到国家供给的农村公共文化服务。以国家为主导的公共文化服务体制仍然会出现供需不平衡、政府错位与缺位、决策机制不科学等众多问题,但国家在农村公共文化服务体系方面所做出的努力和成效也是很大的,这是国家作为主要的供给者,在农村公共文化服务体系建设方面的优势表现。

需要进一步考虑的是,在农村如何提高公共文化产品和服务的供给效率及消费效率,这个目标的实现有赖于国家和农村社会的互动和合作。所以,就目前的现实条件而言,"强国家—强社会"的合作主义模式是国家供给农村公共文化产品的必然选择。在我国的政治体制内,国家与社会相比,无疑是强势的,故"强国家—强社会"模式的构建,其关键环节是培育出"强农村社会"。从农村公共文化产品供给这个意义出发,"强农村社会"是指农村的自组织能力尤其是在农村公共文化产品方面的自组织能力不断增强。其实质就是国家与社会在农村公共文化服务体系建设上的合作,前提是农村社会在国家的授权下逐渐恢复或培育公共文化产品自主供给能力,目的是扭转国家"自上而下"的单向度公共文化产品供给模式,其最终结果是要实现农村公共文化产品的供给效率,真正地满足农民的精神文化需求。

从农村的文化实情来分析,农村作为一个整体并不是一个同质性很高的分析单位,若不考虑农民内部的差异性而将其作为一种整体分析有失偏颇。不同地区的农村,其社会经济发展状况、文化发展根基、农民文化消费能力等都存在各方面的差异。不过,当前依然呈现出与国家供给的公共文化产品供需不均衡的总体特征,这是因为以农业种植为生计方式的农民,其文化消费是较为单一的。在广大的农村地区,尤其是贫困的农村地区,其日常的文化生活主要是观看电视,而且是在农忙之后非常短暂的晚间休息时间。在农忙季节,农民很少直接体验真正意义上的文化消费。现代性意义上的文化消费,是指农民对现代公共文化产品的消费,而不是传统的家庭教育、公共性宗教仪式和娱乐休闲活动。毋宁说国家并未实现公共文化产品在贫困农村地区的全覆盖,即使国家向有些农村输送文化产品,就目前农村的教育现状而言,农民也并不一定有消费能力和消费需求。

当前,农民对国家供给的诸多公共文化产品并未采取积极的消费态度。即使在我国的主要矛盾已经转化为人们日益增长的美好生活需求与不平衡不充分的发展之间的矛盾的条件下,广大农民并没有像某些学者期盼的那样,增生出对文化消费的强烈需求。在社会结构稳定的传统农村社区,村民的精神文化需求多集中于公共性非常强的宗教祭祀活动和人生过渡礼仪方面,其功能性高于娱乐性。而当前以国家为主体供给的公共文化产品,多强调教育性、娱乐性,由此造成农民的精神文化需求与国家供给产品消费所依赖的文化需求脱节,进而导致了农村公共文化产品的消费效率。

财政部教科文司、华中师范大学全国农村文化联合调研调查组调查结果显示:在农村文化设施建设方面,政府提供的文化设施排在前5位的分别是:有线电视或有线差转台、文化活动室或图书室、农民技术学校、有线广播、老年活动室;而农民对政府提供文化设施的需求排在前5位的分别是:文化活动站或服务中心、图书馆(室)、农民技术学校或培训班、体育场地和体育器材、青少年活动中心。[①] 且在有些农村地区,农民主要的文化生活是看电视、打牌等,一方面是没有机会享受到国家供给的公共文化资源;另一方面,即使条件成熟,农民对国家供给的文化活动室、图书室、公共电子阅览室、老年活动室很少光顾。可见,国家供给的公共文化产品类型与农民需求的公共文化产品类型存在一定张力。这就涉及另外

---

① 中国农村文化联合调研课题组,王家新、黄永林、吴国生、傅才武、徐晓军、吴理财:《中国农村文化建设的现状分析与战略思考》,《华中师范大学(人文社会科学版)》2007年第4期。

一个问题:是培育农民主动对国家供给的公共文化服务产生需求还是国家去迎合农民对于公共文化产品的需求。在"国家—社会"的二元分析框架中,如果站在国家的立场则出现前一种可能性,如果站在农民的立场则会呈现后一种可能性,但从国家和社会合作的视角出发,则是国家与农民两个性质不同的行动主体互相沟通妥协的结果。

从权力关系角度而言,从古代中国农村的经济就相对薄弱,这种情况在短时间内难以彻底改变。但封建时期"皇权不下县",国家对农村的挤压能力有限,由此乡村有一套自生的文化规则维持其秩序,满足农民的精神文化需求。以我国的基础教育为例,在明清两代,国家力量止于县一级,乡村社会多由士绅控制。乡村虽有一些官府资助或举办的学校,但私塾教育仍占据主导地位,乡村士绅自任教师或请其他教员。私塾除了教授与科举考试相关的内容,还讲授主流社会的伦理道德以及个体在传统社会生存有关的一些基本技能,如识字记账等。私塾费用主要由家族或家庭承担,在这种框架下,总体上形成了国家与社会的良性互动,乡村教育处于自治状态。①

在国家政权建设过程中,国家的权力触角不断向乡村扩散,国家在乡村的社会动员能力和资源调配能力大大增强,以至于一段历史时间之内,乡村与国家间的互动极为频繁,这主要体现在国家对乡村社会的控制能力得到显著提高。在这个过程中,乡村自身的文化规则被破坏甚至被国家贴上"旧"的标签而取缔,农民的精神文化需求在国家的干预下发生转变,原来对公共仪式、祭祀活动等的需求被其他文化需求取代。面对快速的社会变迁,之前农村社会培育的文化产品已很难再发挥满足农民精神文化需求的功效。被改变的精神文化需求最终只能由国家来供给,村庄内部已经无法独自完成这个历史使命了。农民当前的文化需求已经发生

① 郭建如:《国家—社会视角下的农村基础教育发展:教育政治学分析》,《北京大学教育评论》2005年第3期。

了实质性的转变,其满足方式自然也应该随之改变。当前农民的文化需求是在其与国家的互动中形成的,在某种意义上可以说,在强国家—弱社会的权力结构中,农民的精神文化需求由国家来生产,需求的满足也多依赖国家来实现,在实践上也确实由国家主导农村公共产品包括公共文化产品的供给。以国家为主要供给主体在公共文化服务均等化方面具有绝对的优势,农村社会是不可能实现这个目标的。但国家供给有时候会造成农村公共文化产品供给效率的缺失,导致资源浪费。只有国家和农村社会的合作才能解决这个问题,即国家与社会在农村公共文化供给上达成目标指向一致的共识,其基础是国家对农村社会在公共文化产品供给上的授权。当然并不是所有的文化产品都能由农村社会供给,这在操作层面上很难实现。

所以,首先要分清楚公共文化产品的具体性质,非排他性的纯公共文化产品应由国家来供给,这类产品是农民所无法自主供给的,但国家可以授权或者鼓励农民供给一部分准公共文化产品,这种产品可以由农民自主供给,面向本村的村民。这些准公共文化产品有些在农村社会早已扎根,如地方庙宇、祠堂、地方曲艺等,这些在历史上长期由农民自主供给的公共文化产品表达出了其朴素的生活理念和道德标准,对村落秩序的维持和村民教化都具有重要的积极作用。农村自主供给公共文化产品的能力虽然在一定时期内受到过国家的压制,但这一类文化产品有着深厚的民众基础,在国家大力提倡发展文化产业、保护和传承非物质文化遗产的背景下,很多在乡村中近乎绝迹的文化活动再次复兴。

当前,国家通过与企业签订公共产品供给合同、授权经营、政府参股、政府补贴这四种方式鼓励社会力量成为公共文化产品的供给主体,在与农村社会的合作方面还正处于不断探索的状态。国家与农村社会在公共文化产品供给上的合作可以分为三个关键步骤实现:一是培育农民对于特定公共文化产品的需求,这里有两层含义,第一层含义是恢复维持农村社会秩序的公共文化产品的生产能力,第二层含义是培养对国家供给的公共文化产品的兴趣和消费能力。有时候国家供给的公共文化产品超出了农民一贯的精神消费取向,被农民当成是"没意思"的文化产品消极接受或观望。二是疏通农民对于公共文化产品的需求表达机制,这是提高农村公共文化产品供给效率的核心因素。这并不意味着国家要满足农民所有的文化消费需求,这是建立在农民对文化消费合情合理基础之上的,所以很重要的一点是要培育农民对符合国家主流价值的正能量的文化产品或服务的鉴赏能力和消费能力。三是农民与国家之间的平等协商,最终确定公共文化产品的供给方式、供给数量、供给类型等具体操作层面的问题。在广泛征求、科学论证农民的文化需求之后,国家或其代理人和农民应该有一个平等沟通、协商的过程,反复对公共文化产品的类型和供给方式进行探讨。

总而言之,从国家和社会视角出发可以帮助我们在理论上解决国家和农村社会如何在公共文化产品上实现融通的问题。在国家与社会的权力结构关系方面,目前我国还处于"强国家—弱社会"的阶段,国家要实现与社会的融通还必须依靠"强国家—强社会"的权力制衡模式,即国家有意识地授权农村社会再造供给公共文化产品的能力。在当前的国情条件下,"强国家—强社会"的体现形式就是国家与社会的合作。在理想状态下,国家与社会在公共文化产品上的合作就是国家尊重农村社会的现实,在向农村输送公共文化产品之前就全面了解输送对象的社会文化状况、当地农民对于具体公共文化产品的内生需求状况,这就需要前期的充分调研和构建农民文化需求的显示机制。当然,培育农民的文化需求也很重要,这是实现供给者和需求者通融的重要前提。

农民作为中国基数庞大的群体,其内部差异巨大,如何在差异性的基础上,满足普同性的文化需求是国家需要长期做的尝试,这一方面可以减少公共文化服务建设的成本,另一方面可以提高公共文化产品的效率。所有的供给最终是为了满足需求,在国家与社会的合作基础之上,供给者和需求者在农村公共文化产品供给上才能实现有效融通。

第六章 农村公共文化产品供给主体及模式选择

农村公共文化产品的供给主要有三种主体,即政府供给、市场供给和农村社会自主供给。在当前的中国,现代意义上的公共文化产品供给主要由政府主导。本章主要从理论上阐释农村公共文化产品供给模式的三种理想类型,分析政府供给、市场供给、农村自主供给的历史、特征和现实应用价值。基本观点认为:农村公共文化服务的政府供给是一种科层制下的权威型供给,自愿供给是一种非营利型供给,市场供给是一种营利型供给。以上三种模式之间各有优劣,农村公共文化产品的供给应该是三种模式互相补充、互相合作。

在农村公共文化产品供给的过程中,政府的优势在于:政府拥有强大的政治资源,农村公共文化产品的数量和质量标准都由政府确定,可以实现农村公共文化产品供给的均等化,农村公共文化产品生产的资源可以通过强制性的税收从私人部门转移过来;市场供给农村公共文化产品的优势在于:在市场竞争压力与追求盈利的作用下,生产者会主动地降低生产成本,改善产品和服务质量等;农村公共文化产品的自愿供给可以有效解决农村公共文化产品的效率问题,解决在供给过程中偏好显示机制缺失的问题,还可以有效解决制度供给不足的其他问题;当然,三种供给主体也都有各自局限性,因此在具体的实施过程中应该因地制宜、扬长避短、相互补充,巧妙结合三种供给模式的优劣势来选择当地农村社会合适的供给模式。

第一节　农村公共文化产品的政府供给

农村公共文化产品的政府供给,是在现行中国的政治体制下可行性最高的供给模式,公共文化服务的主导、推动、实施,从制度设计到具体实践都由政府承担。本节主要从学理上梳理政府供给农村公共文化产品的合法性来源和思想基础,政府供给农村公共文化产品的实践、政府供给农村公共文化产品的优劣势,以探讨在中国的现实情境中由政府主导供给农村公共文化产品的可行性路径。

一、政府供给农村公共文化产品的思想源流

政府供给公共产品首先在于人们对它的功能的定位。在人类社会的发展进程中,不仅仅存在着各种形式的私人需求,还存在着支撑人类正常进行经济活动、文化活动和社会活动的公共需求。公共产品体现了人类的公共需求,政府提供公共产品的逻辑起点,来源于政府要满足全社会的公共需求。在现代民族国家体制普遍确立后,政府就需要发挥它的公共性功能,这成为政府的合法性来源。在经济发展初级阶段,政府需要提供社会基础设施;当人均国民生产总值达到一定值时,人们的消费模式发生变化,对政府公共产品的供给就会提出更高的要求,在高等教育、健康设施等方面的公共需求大量增加。经济进入成熟期,公共支出的主要对象又从提供社会基础设施,转向提供教育、卫生和福利、社会保障和收入再分配。

1997 年世界发展报告指出,政府的主要职能是提供公共产品与公共

服务,包括提供纯粹的公共产品即基本公共产品,如国防、法律与秩序、财产所有权、宏观经济管理、公共医疗卫生、基础教育、环境保护、社会保险和社会福利等;还要提供混合公共产品,如基础设施和公共事业发展等。① 政府供给公共产品的形式并不是一成不变的,而是随着外部环境的不断变更而做出不同的调整与变革。政府对公共产品供给的合理性在于人们认为政府是源于社会成员的共同需要而产生的一种提供公共产品的制度安排,这是政府存在的必要性的基础。

很多西方的哲人都论证了政府存在的意义和应有的功能。亚里士多德很早就认为,社会进化的最高阶段就是城邦,通过城邦能实现人类的相互补益,最终实现人类整体生存需要的满足。他在《政治学》里说:"凡是属于最多数人的公共事务常常是最少数人照顾的事物,人们关怀着自己的所有,而忽视公共的事物;对于公共的一切,他至多只留心到其中对他人多少有些相关的事物。"② 也就是说,人们对于自己以外的利益是不大关心的,对于城邦的建设和完善并不在意,这个工作只能由国家来代理完成。国家是由于社会的需要自然产生的,它是为了生活于其间的人们提供优良的生活和最高层次的善。为此,政府应该供给如城邦公共安全、公共基础设施、市场秩序等一系列公共产品。古罗马的西塞罗也认为,国家是由许多团体基于共同的权利意识和利益互相的观念而结合成的组织共同体。他论述道:"国家是人民的事情,人民并不是以任何方式相互联系的任何人的集团,而是集合到一处的相当数量的这样一些人,他们因有关法律和权利的个人共同的协定以及参与互利行动的愿望而结合在一起。"③ 既然政府是一个具有公共性质的组织,它必须要为人们公共性的

---

① 世界银行编著:《1997年世界发展报告——变革世界中的政府》,蔡秋生等译,中国财政经济出版社1999年版,第18页。
② 〔古希腊〕亚里士多德:《政治学》,吴寿彭译,商务印书馆1983年版,第65页。
③ 〔古罗马〕西塞罗:《西塞罗文集:政治学卷》,王焕生译,中央编译出版社2010年版,第45页。

需求采取相应的措施,因而也必须为公共性的事务服务。

亚里士多德和西塞罗的"政府需要说"的主旨思想认为,个人的私欲仅靠个人的力量无法得到满足,必须依靠政府来完成。古希腊哲学家伊壁鸠鲁认为生活的目的就在于追求现世的快乐和至善。个人在追求这种目的的过程中,会担心他人以自利的行为危害自己,为了避免互相伤害,人们便需要通过做出一定的牺牲,以订立契约的办法建立国家和法律。在任何时空范围内,只要有一个相应防范彼此伤害的相互约定,公正就自然而然出现了。伊壁鸠鲁从政治哲学意义上讨论了抽象的公共产品供给,在他看来,公共产品的供给始于私人需要的满足。

霍布斯的社会契约论对公共产品理论也产生了巨大的影响,即使现在依然有不少学者对其提出的社会契约理论推崇备至。霍布斯指出,在国家产生以前,人类的生活是出于自然状态的,而在自然状态中人类是没有道德和法律的约束的,每个人都按照自我保存的原则行使自己的权利。但是人会出于自利的目的,其欲望"得其一思其二,死而后已,永无止休"。在这种情况下一个人想要取得安全生活,其最佳的出路就在于"让整个世界都惧怕他,服从他",即"对整个世界享有绝对支配权",但是由于在自然状态中人又是平等的,每个人都是实际的裁决者,当没有一个强大有力的权威来充当公平的"仲裁者"时,自然状态下的人很容易处于一种"人与人的战争状态"。人人都生活在死亡的恐惧中,在自然状态中是非、公正都是不存在的,这是一种"人人互相为战的战争状态"。霍布斯认为突破这种自然状态的最好办法,是达到社会的共同利益,需要在理性的启迪下,人们订立契约,每个人都放弃自己管理自己的权利,把它交给某个人或某个集体,让他或他们拥有权威和力量来管理社会。霍布斯的政治哲学思想与公共产品理论的共同点在于,公共产品是由个人享有,但个人本身没有能力提供,所以只能由政府来提供。霍布斯之后,洛克等人对其社会契约理论也进行了一定的补充。

休谟在他的著作《人性论》中也论述了某些有关公共产品理论的基本内容。他认为个人利益与公共利益并不天然一致,在完全自由的情况下,由于人性的弱点,往往容易只注重眼前利益,忽视长远利益;过分注重个人的利益而忽视公共的利益,这样做的结果是相互影响的人们最终做出破坏公道的事情。当人们试图改变这种窘境使自己处于遵守正义和道德法则的情况时,单靠自己的力量无法改变自利的天性,"补救的办法来自于所谓协议,协议并不是许诺,而是一种在社会交往中逐渐形成的对社会利益的共同感觉,这种感觉是社会全体成员互相表示出来的,并诱导人们去发现和遵守正义规则。"①休谟在这里提出的共同利益就是公共利益,正是在这样一种公共利益感的指导下,人们才会主动进行制度设计,建立一整套社会规则来补救人类舍远图近的弊病。人类最早从两性的结合而形成的家庭中,就察觉到了以协作、分工和互助为基础的社会利益的重要性,并试图组成社会以期获得社会带来的利益。政治社会在维护社会正义的前提下也实现了私人的利益。

亚当·斯密在探讨国家作用之时同样没有完全否认政府在公共事业中的地位和作用。尽管斯密没有明确提出公共产品的概念,但他在论证政府作用和职能时,提出政府必须提供建立国防、设立司法机关、维护公共事业和维护公共设施等服务,这与现代意义上的公共产品并没有本质区别。他关于政府对公共产品的供给责任、公共工程的供给效率、资金筹集原则等相关的理论,为后来政府公共产品供给的实践提供了很好的理论支撑。在亚当·斯密之后的集大成者穆勒也从政府的职能分析了政府供给公共产品的必要性和产品的具体形态。

到了19世纪80年代,公共产品理论兴起,成为政府供给公共产品的又一重大理论,并提出了优化政府公共产品的建议。主流的公共产品理

---

①　[英]休谟:《人性论》,贾广来译,商务印书馆1983年版,第99页。

论认为,由政府来提供公共产品可以有效解决免费搭便车的问题。在经济学界的几个著名的案例——"公地悲剧""囚徒困境"和"集体行动的逻辑"都显示出了搭便车现象的存在,市场在分配商品流通过程中并不总是有效率的,公共产品的存在是市场失灵的重要原因,解决免费搭便车的问题,必须要由政府来供给公共产品。

马尔科把政府比作一个大工业,认为政府的目的是通过一种特殊的生产性活动来满足社会的需要;维克赛尔、林达尔、萨缪尔森等人同样认为公共产品需要由政府来提供,私人产品则可以由市场进行有效的分配。20世纪30年代西方世界出现的经济危机,让人们认识到自由主义并不总是可行的,也更加深了人们对政府出面干预市场、提供公共文化产品的必要性和优势的认识。在现代公民的观念中,政府应该代表公共利益来实现公共文化产品供给的目标。

总之,政府对公共产品供给的思想源流与政府建立之初就产生了密不可分的关联,公共产品自然也包括公共文化产品。政府提供公共文化产品既有其必要性又有诸多优势,在不排除市场自由调节公共产品供给的前提下,政府作为公共文化产品的供给主体是必不可少的。不管是资本主义经济体制还是社会主义经济体制,政府作为一个关键的公共文化产品供给主体,其作用永远不会消失。在当前的中国,公共文化产品主要由政府供给,且主要通过两种途径实现:一种是全过程供给,即政府干预到公共文化产品供给的全过程中;另一种是财政和政策供给,主要指政府通过制定相应的财政措施和政府政策来引导社会资源往公共文化产品方面倾斜。

二、政府供给农村公共文化产品的优势

当前我国形成政府主导农村公共文化产品的模式既有历史的原因,也有政府自身的优势。排除政府的公共文化服务职能和责任,针对公共

文化产品的属性,政府供给农村公共文化产品具有角色、权力、财政等各方面的优势。

(一)政府提供农村公共文化产品具有角色优势

政府作为最重要的社会组织,其角色定位是公共利益的代表。政府在公共产品供给中扮演核心作用,尤其在安全、生态环境保护、公共基础设施、社会医疗保障等方面。政府提供农村公共文化产品的角色优势主要体现在公共利益代表者和非营利性两个方面。

一是政府扮演了公共利益代表者的角色。人作为社会性动物,在繁衍延续过程中深深打上了集群而居的烙印,只有组成某种共同体才能生存,当然这个共同体需要能够代表全体成员或大多数成员的公共利益,能满足群体成员的共同目的、代表群体成员的共同意志。马克思和恩格斯很早就探讨了国家或政府在人类共同体的地位和作用。认为社会发展到一定的历史阶段,会陷入一种不可调和的矛盾状态中,这时候就需要一种能凌驾于社会之上的力量来缓和冲突,把冲突限定在一定的可控秩序内,从而使利益不同的群体不至于在不必要的斗争中毁灭自身和整个社会。因此,即使政府或国家在本质上仅仅代表和维护特定统治阶级的利益,也要在一定程度上考虑和照顾其他阶级的利益。政府应该充当不同阶级或群体公共利益的代言人,做到以公共权利为后盾,以公共利益为代表为社会公众提供公共产品。在现今社会,政府获得不断其流的合法性的来源就是能代表公共利益,这是决定现代政府活动基本方向的舵。在全球化背景下,民族国家的政府依然在国际交往中扮演着重要的角色。政府在不同的时代背景下代表着不同类型的公共利益,但实现社会公平正义,提供公共产品却是所有政府实现公共利益的核心内容和方式。公共性是政府组织的特征之一,赋予了政府独特的社会地位和特殊功能,使得政府具有其他任何组织或个人都无法比拟的作用和价值。我国政府也一直强调打造服务型政府的重要性,力求实现社会平等、政治民主和以人为本,成为公共利益代理人的角色。

二是政府扮演了非营利性的角色。政府跟企业不同,企业是根据投入产出比来追求营利性的组织,而政府是超越了营利性世俗目标的公共组织。在市场经济条件下,生产者和消费者以追求个体利益为主要目的,在利益无法得到有效满足的条件下,市场机制就不能长期正常运转,社会资源就不能实现有效配置。而公共产品的供给是经济效益极低的活动,在无法获得有效经济补偿的条件下,市场主体是没有动力供给农村公共文化产品的。但农村公共文化产品对于广大农民又是必需的,这时候需要能弥补市场失灵的政府来出面提供农村公共文化产品。在市场经济条件下,虽然也有政府直接投资或主办的企业,有时候甚至会进入市场,按照市场交换的原则对外交换文化产品,但这类企业并非真正意义上的企业。这种情况可以从政府投资企业的动机得以说明。政府投资该类企业,其主要动机不是获得高额利润回报,而在于通过企业的产出为市场提供有效的公共文化产品。当然,在有些商品生产或交换环节,不排除个别官员贪污受贿的非法行为,但这不能否认政府在追求公共利益。政府往往还会通过压低收费标准为服务对象提供额外的利益。在一些自然垄断的行业,如城市供水、电力、公共交通、网络铺设等,政府一方面会有意压低该类产品的市场价格,甚至会以低于供给成本的价格出售给公众;另一方面会为了维持该类企业的正常运转,以税收补贴这种二次分配的方式弥补市场损失,满足社会公众的基本生活、生产需求。因此,政府作为最重要的公共组织,最大范围地代表了公共利益。政府提高行为效率有时候并不是为了营利,而在于更好地服务公众。在私人或市场组织无法或不愿提供公共产品的条件下,为不同阶级实现各种利益,为社会全体成员提供各种所需。

这两种角色定位决定了政府能够最大限度地调用公共资源和社会力量,通过提高公共资源的利用率为广大农民提供有效用的公共文化产品,通过有效调动社会力量为农民谋取更高层次的利益。理论上讲,政府可以通过这种角色定位以最低的成本提供最佳的农村公共文化产品。实践上讲,政府正是凭借这种角色,成为了我国当前影响公共文化产品数量、质量、种类和服务范围最重要的决定因素,也决定了政府在农村公共文化产品供给中的主导作用。

(二)政府提供公共文化产品具有权力优势

政府权力具有强制性和渗透性,这些权力是市场所没有的,权力优势的发挥可以弥补市场失灵的种种缺陷,使市场机制能有序运行,也可以使其他市场主体和政府自身能不断地提供农村公共文化产品。政府的权力优势使政府具有其他个人和组织所无法比拟的优势。其权力优势主要体现在三个方面。

首先,政府有弥补生产、交易和组织成本优势。农村公共文化产品的供给和消费需要有稳定的交易环境,否则就容易出现市场主体的机会主义乱象,在农村公共文化产品的受益者占大多数时,理性的消费者都不会选择为农村公共文化产品承担成本,最终导致农村公共文化产品供给出现结构性短缺,如果这种行为不及时抑制,整个农村社会便会处于无序状态,农民的福利水平则会大幅下降。这个时候就需要有一个权威结构来维持市场交易的外部环境,用强制手段使市场中的私人与企业之间达成共同提供农村公共文化产品的协议,从而利用公共权力有效降低达成契约的交易成本。人们选择一个特定的权威结构来制定规则、维护秩序,并解决不确定性因素引起的各种冲突。在这种支配与被支配的权力体系下,被支配者选择把属于自己行动控制权的某部分转让或让渡给支配者,并认可支配者行使权威的合理性。政府能有效提供农村公共文化产品,在于其本质是一个凝聚和代表公共意志的组织,拥有一个社会有序运行的权力保证。政府正是凭借其政治性、权威性和垄断性来强制向社会公众征收税款,解决当前农村公共文化产品的成本补偿问题和经济中的不

— 163 —

平等问题,尤其可以解决外部效应,供给农村公共文化产品问题时,其交易成本比其他社会组织或市场主体要低得多。因此,政府作为农村公共文化产品的主要供给主体,其权力优势是明显的。

其次,政府具有强制优势。政府与一般的社会管理机构不同,它始终与强制机构扭合在一起,依靠国家权力而发生作用。"如果没有政府授权,所有社会组织都没有权力来禁止他人作为或不作为,但是政府却能够合法地做到这一点,政府通过对某些个人或组织发放许可证,从而允许得到证书的人作出某种行为。禁止或允许的目的,在于保障公共产品的有效供给。"①政府禁止或允许的优势表现在具有公益性质的公共文化产品供给方面。如在社会保障方面,政府可以要求其管辖范围内的每个公民在退休前缴纳一定的保险金。政府的强制优势最明显的就在于制定成文的法律法规,确定保险或其他社会事项能以一种合适的方式进行。如在义务教育方面,政府如果不通过制度法律法规的方式,理性的个体为了个人最佳利益可能不会选择该行为。另外,政府还会对其他的农村公共文化产品提供机构进行强制管制,而对另外的机构实行禁止或征收不同标准和种类的税收,这样就可以保证农村公共文化产品的有效正常供给。政府的强制优势决定了其解决市场失灵的权力,可以使公共产品的成本得到有效补偿,确保公共产品供给的持续。

最后,政府具有信息优势。市场中的企业主体或多或少受到信息不完全的困扰,错误的市场信息直接决定了供给公共文化产品的市场寿命。而政府可以凭借其权力优势减少这种市场信息的不完全性,使其在信息公开和公布、意见收集和采纳方面具有其他组织不能望其项背的优势,从而使政府成为在公共领域代表集体需求表达的最佳机构。林德布罗姆指出:"市场制度建立在交换关系之上,而政府制度建立在权威关系之上。

---

① [美]斯蒂格利茨:《政府为什么干预经济》,郑秉文译,中国物资出版社1998年版,第106页。

政府制度的显著特征是它对一切人的权利要求具有权威性。"①这种权威性在现代市场经济条件下是必需的,因为有了这种权威性,从而获得完全市场信息的权力依靠。各种世界性的经济危机和企业失败案例,也证明了市场机制无法单独发挥市场的全部经济作用,需要政府在某些方面做出修正和补充,而政府能做出这种修正是凭借其强制力实现的。随着在社会生产中的地位不断显现,信息的获得很大程度上决定了公共文化产品市场生命的长短。现代信息技术的不断发展,使现代政府信息搜寻的成本大大降低。通过疏通社会公众对农村公共文化产品的需求表达渠道,可以解决农村公共文化产品产而无用的尴尬境地,有效提高社会资源的利用效率,改善社会公众的生活条件。

(三)政府提供农村公共文化产品具有财政优势

农村公共文化产品的生产、流通、维修和运行都需要巨额的经济成本,一般的市场主体和农民个人没有足够的财力供给大规模的农村公共文化产品。政府通过行使公共财政职能分配税收,这样就能保证农村公共文化产品供给的财政来源。相较于市场供给和自主供给,政府的财政来源是最广、最稳定的。另外根据文化产品的功能而言,它是满足公众精神文明的载体,与物质产品很大的不同就在于它的精神属性。文化产品作为一个精神的寄托和精神归属的结合体,不仅仅代表了每一个特定时代所具有的一般特征,更能表达当时人类的生存心态和精神需求。作为一个以社会意识形态性为因素的需求,这些因素包罗了如思想、教育、艺术、哲学思潮、社会意识、审美取向等。文化产品所表达的社会意识,其独特之处在于它是通过具体生动的艺术形象来展现社会生活和反映客观真理的,它融思想性、艺术性、知识性、审美性于一体。它的教育作用寓于潜

---

① [美]林德布罗姆:《政治与市场:世界的政治—经济制度》,王逸舟译,上海人民出版社1992年版,第33页。

移默化的影响之中,文化产品必然能满足人类的某种精神需求。由于意识形态性,文化产品的存在和发展就涉及国家文化的安全,涉及文化竞争力甚至是国家战略竞争,文化产品也就随之和国家的竞争力联系起来,特别是文化在国家竞争力中的地位越来越重要的情况下,文化已经成为国家"软实力"的代表。① 如此一来,文化产品就有重要的意识形态属性,文化产品的意识形态属性和公共产品属性是政府把文化产品的供给纳入自己职责之下的重要权衡因素,政府会有意排斥其他供给主体的参与。另外,农村公共文化产品市场未完善,市场主体并未能有效确定农村公共文化产品的类型、供给数量和供给方式,理性的市场主体也不会主动参与到农村公共文化产品的供给中来。同时,公共文化产品的非竞争性的特性意味着竞争性的市场不能达到公共产品的帕累托最优,作为"经济人"的企业不会对公共文化产品进行供给。如此一来,对于农村实际需要的公共文化产品就缺乏供给主体,而政府凭借其财政优势保证了农村公共文化产品的大规模持续供给。总之,在当前的社会体制和社会背景下,特别是在农村特殊的社会经济条件下,由政府主导供给农村公共文化产品具有重要的意义。

三、政府供给农村公共文化产品的不足

近年来政府越来越重视农村公共文化产品的供给,无论在政策上还是在行动上都取得了众多的成就。很多农村偏远地区都建立了农家书屋,文化下乡活动范围也不断扩大,农村公共电子阅览室也不断增多,但从总体的供给现状来看,在以政府为单一供给主体的现实状况中,也产生了众多的负面影响。如供需矛盾依然突出、农村公共产品供给总量不足、结构单一、人才匮乏、资金来源不稳定、区域布局不合理、供给效率低下等问题。

---

① 臧秀清、游涛:《文化产品:特征与属性的再认识》,《探索》2011 年第 5 期。

（一）城乡二元公共文化产品供给制度的错误引导

1954 年美国著名经济学家刘易斯提出的二元经济结构理论认为,发展中国家经济中存在着一个普遍的二元经济结构,即"传统"和"现代"两个部门。传统部门集中在农村,其劳动生产率和边际效益很低,具有强烈的内向性和封闭性;而现代部门则主要集中在城市,具有强烈的外向性,能依靠自身的资本积累从传统部门获得劳动剩余并创造高额利润。这种情况下就造成了二元结构中传统经济部门与现代经济部门的明显反差,若长期发展下去会极大地制约发展中国家经济的发展。

我国的经济发展具有明显的二元结构特征。在中华人民共和国成立之初,我国制定了优先发展城市、优先发展重工业的经济政策,国家利用行政干预把整个国家分为城市和乡村两级,并在高度的计划经济体制指导下,以牺牲农村和农民的利益来实现国家的工业化,这种做法大大削弱了农业资本积累和技术革新的实力,剥夺了农业的发展后劲。特殊的重城市轻乡村的政策和挖农补工的非均衡发展战略直接导致了城乡二元公共产品供给体制的生成。城市实行以政府为主导的公共产品供给制度,使得城市居民不仅享受到交通、电力、通信、文化娱乐等工业化发展成果,还可以享受医疗卫生、保险、失业救济等各种居民福利。与此形成对比的是,为了巩固中华人民共和国成立初期的政权稳定和工业化成果,国家一方面依靠征收农业税、农产品统购统销、农产品剪刀差等形式获取大量农业剩余;另一方面通过严格的户籍管理制度和城市用工制度限制农村剩余劳动力的自由流动,压低农业机会成本,以此来保证工业资金积累机制的运行。而在农村,本应由政府提供的基础水利建设设施、社会保障、医疗保险等公共产品却没有得到政府应有的支持。而在初步完成城市工业化发展之后,城市工业也并没有实现对农业的反哺。计划经济体制造成了大量国有企业的低效率运行,产生了大量的机构运行成本。再加上"分税制"财政体制的影响,导致了地方政府财权与事权失衡、转移支付制度不完善、地方税体系缺乏有效税种等诸多问题,不能有效地保证农村公共产品的资金来源,使农村公共产品的供给状态更加捉襟见肘。

很明显,在二元经济结构下,农村公共文化产品的供给不可能是有效的。二元经济制度虽然已经不再是中国当前政策制定的方向,但其影响却是深远的,农村地区的公共文化产品供给依然受城乡二元经济政策制约、地方财政不支持等方面的影响,这些直接导致了农村公共文化产品的低效率。

(二)政府"经济人"行为的影响

政府在广义上也是一个经济人,它与一般经济人并不存在本质上的区别,如果政府不顾公共产品消费者的实际需求,单纯追求预算最大化和自身利益最大化,就会出现相互推责、设租寻租甚至会出现受贿和贪污现象。而且,政府在公共资源配置决策过程中同样会受到信息约束以及激励不足等条件的制约,因此,政府失灵难以避免。政府供给公共文化产品的高成本、低效率、政府机构膨胀臃肿,缺乏监督引致的寻租和腐败等现象的存在也共同导致了"政府失灵"。公共选择理论认为,政治领域中的人也是"经济人",以追求自身利益最大化为目标,政治过程就像市场的交换过程一样,包含着资源交换的互惠性,是一种正和博弈。因此,组成政府的官员或公务员也会具有"经济人"性质。政府官员有时候为了实现个人的经济利益和政治利益,在受财政资金限制的约束时,会倾向于提供能够为自己带来仕途升迁或经济利益的公共文化项目,制造迎合上级监管部门的"形象工程"和"面子工程",而这些所谓的工程是以损害公共利益为前提的,这无疑会导致公共文化产品供给的失效。

我国现行的基层政府体制是一种"压力型"体制。在这种政治体系中,下级地方政府在制定经济发展目标和接到上级任务后,会把目标和任务层层分解,并以完成目标任务的情况来作为评价组织和个人政绩的主要指标,这种评价标准与上级政府的评价好坏直接关联,而与工作效率和产品质量关联不大,上级政府也往往习惯以看得见的表面"政绩"来评价下级官员。于是,在这种评价体系下形成了政府体制中的"自上而下"压力,这种压力表现在农村公共产品或农村公共文化产品的供给上,就是现阶段农村公共产品供给采取的"自上而下"的决策程序。这种决策程序带有很强的行政指令性,其供给数量、供给结构均由政府以政策或文件的形式下达,具有"经济理性"的政府官员,往往会根据上级领导的偏好投其所好,最终导致农村公共文化产品供给的结构性失衡和大量公共资源的严重浪费。

(三)政府机构在运行过程中的低效率

由于缺乏有效的竞争压力和考核指标,政府机构在运行过程中很容易出现低效率的问题,政府在公共产品供给中的主导地位遏制了竞争。"由于某种原因,政府在从事经济活动时,它对成为垄断者似乎怀有强烈的偏好,即使这种垄断并无必要。"[①]斯蒂格利茨同时认为:"公共部门里竞争的缺乏会削弱人们的积极性。在我看来,它是政府经济活动的最后一个普遍的但不是必然的特征。"[②]竞争的缺失很容易造成公共机构运行的低效率。而有效考核指标的缺乏同样使政府失去外部的压力。由于政府部门在公共产品的投入与产出之间并不存在清晰的关系,其产出标准是非营利性的,因此政府公共产品供给不能使用利润这个指标来进行核算,无法进行成本与收入的分析,也难以对政府行政部门的生产活动进行成本分析。加之公共产品的投入和使用效果的评估在时间上是滞后的,其最终效率是难以度量的。现实中一般使用的是对政府部门进行绩效评估的方法,但政府绩效评估机制的设计及其指标体系的建立有很强的主

---

① [美]斯蒂格利茨:《政府为什么干预经济》,郑秉文译,中国物资出版社1998年版,第33页。

② [美]斯蒂格利茨:《政府为什么干预经济》,郑秉文译,中国物资出版社1998年版,第50页。

观因素。萨瓦斯就明确指出:"个人物品的计量、计价和分装出售是相对容易的,而集体物品的处理远非如此简单。""通常很难界定和测量提供集体物品的组织的绩效,这意味着很难确定集体物品的合理供应量,也无法估计它的成本。"①还由于相当一部分政府公职人员受终身雇佣条例的保护,没有动力提高公共文化产品的供给效率,在政府没有明确考核指标的条件下,更加不会想要改进农村公共文化产品的供给效率。

政府作为一个独立的行为实体,有其独立的意志和行事能力,有时候并不能天然保证按照市场意愿去开展资源配置活动。政府提供农村公共文化产品作为一种制度安排,与市场制度一样是内生变量,政府提供农村公共文化产品在某种程度上更是一个政治过程,其自身的运行及向农民提供公共文化产品同样存在着交易成本问题,有时候甚至会比市场机制更高,在现实中则表现为政府的种种失灵问题。

四、我国政府供给农村公共文化产品的具体实践

自 20 世纪 50 年代开始,政府参与供给农村公共文化产品的行为主要经历了农业生产合作社时期、人民公社时期、改革开放以后三个不同的历史阶段。在农村生产合作社时期,政府把主要精力放在巩固新政权和社会主义改造上,投入到公共文化产品供给的资源较少。但农村生产合作社也承担了部分公共文化服务的功能,要求"农业生产合作社积极地动员、组织和帮助社员扫除文盲,学习文化和科学。有计划地开展文化、娱乐和体育活动,提高社员的文化生活水平"。② 其形式主要是自上而下,由中央政府统一筹划决定公共文化产品的类型、数量、方式等,主要的

① [美]E.S.萨瓦斯:《民营化与公私部门的伙伴关系》,周志忍等译,中国人民大学出版社 2002 年版,第 79 页。
② 中共中央文献研究室:《建国以来重要文献选编》第六册,中央文献出版社 1997 年版,第 263—266 页。

内容和国家的政治教育和意识形态教育联系紧密。但由于中华人民共和国成立初期缺乏必要的经济资本,公共文化产品供给的资金主要由农业生产合作社自主筹措。"农民业余文化教育的经费,除少数专职人员的开支、业余教师训练费、主要乡干部离职学习的办公杂支以及一定的奖励费外,都由群众自筹。自筹的办法,采用学员自出、学员集体生产、合作社统筹等等。"[1]在当时的经济发展水平下,投入到农村公共文化产品的资金是极其匮乏的,供给总量也较少。

到了 1958 年,开展了人民公社化运动。在高度的计划经济时代,人民公社成为农村公共文化产品的唯一供给者。人民公社供给的农村公共文化产品的类型除了文化站、广播站、中心学校、农民夜校、幼儿园等,逢节假日,公社、大队和生产队还要组织放电影、文艺演出等文化活动。供给的形式基本沿用建国初期自上而下的形式,中央政府对农村文化产品的供给数量、品种、形式等进行决策,基层政府完全服从于中央的安排和指挥,农民也只是被动的接受者。[2] 资金来源同样是制度外筹资,在新中国成立之初实行的"优先发展重工业、优先发展城市"这一总纲的指导下,农村财政十分匮乏。乡镇一级政权被赋予了过多的经济和社会职能,通过制度内的经济资源维持自身政权的基本运转十分困难,只有不断向农民收取各种费用,以集资、摊派和罚款等各种制度外方式筹集公共资金和资源。当时普遍实行的"工分制"体现了人民公社解决公共产品资金的制度安排,公共产品的成本按物质成本和人力成本两种方式分摊。虽然工分制在当时的社会条件下缓解了部分公共产品的供给压力,但事实上农民的负担不断加重,农民作为集体经济组织内的劳动力不断被透支。

---

① 中共中央文献研究室:《建国以来重要文献选编》第八册,中央文献出版社 1997 年版,第 411 页。

② 张天学、阚培佩:《我国农村公共文化产品供给制度的历史演变及其启示》,《哈尔滨商业大学学报(社会科学版)》2012 年第 4 期。

改革开放以后,又可以分为两个不同的阶段:家庭承包制至分税改革时期、全面税费改革后。在前一阶段,自实行家庭联产承包责任制后,农村的经济有所发展,但此时国家也开始把资源转移至城市,供给主体逐渐走向多元化。1994 年分税制改革形成"财权上收,事权下放"的分配格局后,县、乡镇没有供给的决策权和相应的财权,但承担了更多具体的公共事务,成为供给农村公共文化产品的主要实施者。比起农业生产合作社时期、人民公社时期的完全自上而下的供给形式,这一时期也出现了某些自下而上的供给。总体而言,政府依然是农村公共文化产品的供给主体,供给政策的制定依然是从政府的角度出发,而没有考虑到农民的自主需求。至于农村公共文化产品供给资金的来源,税费改革前,一是由农民交纳"三提五统"的形式承担;二是乡镇政府以各种名义向农民"集资摊派"来弥补费用的不足。因此,此阶段的农村公共文化产品的供给资金依然出自农民自身。自税费改革完成后,政府虽然依然是农村公共文化产品的主要供给者,但也强调了市场、企业、其他社会组织的参与,中央政府不再囊括几乎所有的文化产品供给职责,而是在对各级政府的职能明确划分基础上,有选择地承担相应的责任。在新的分工格局中,中央政府主要承担全国性的公共文化产品供给职责,"并建立了与农村文化投入相联系的、专门针对中西部贫困地区文化建设的转移支付制度"①。中央政府开始有意识地扶持西部地区,省市一级也只制定农村公共文化产品供给的大方向,具体由县、乡一级的地方政府来实施。

自 1978 年以来,无论是城市还是农村的生产力得到了极大的解放,经济水平的发展促使政府有更多资源可投入到公共文化服务体系的建设中来。无论在实践上还是政策上都致力于全面构建公共文化服务体系。2002 年,我国提出在城市以社区为重点,农村以乡镇为重点,全面加强基

---

① 马鑫、冯毅:《基于交易成本理论的农村公共产品供给问题理财》,《哈尔滨商业大学学报(社会科学版)》2010 年第 2 期。

层文化建设。自此,文化建设开始全面加速。2002 年,县级文化馆、图书馆建设工程和全国文化信息资源共享工程启动;2004 年,广播电视村村通面向自然村全面推开;2007 年,农家书屋工程在全国范围内实施,文化惠民工程、"送戏下乡"、乡村大舞台、乡村文化广场等多种形态的公共文化产品也相继出现。各层级地方政府也制定了公共文化服务体系建设的规划,根据中央的要求积极推进公共文化产品的供给进度。在政策方面,也能看到政府对公共文化服务体系建设的重视。2011 年十七届六中全会通过了《中共中央关于深化文化体制改革、推动社会主义文化大发展大繁荣若干重大问题的决定》,将公共文化的主要内容概括为"六大任务",即以保障人民群众读书、看报、看电视、听广播、进行公共文化鉴赏、参与公共文化活动等基本文化权益为主要内容。2015 年年初出台的《国家基本公共文化服务指导标准(2015—2020 年)》,提出了包括基本公共文化服务项目、硬件设施和人员配备在内的 3 大类、14 项、22 条基本公共文化服务指导标准,在"六大任务"的基础上有明显拓展。2015 年以来,全国各省(区、市)相继出台落实中共中央办公厅、国务院办公厅《关于加快构建现代公共文化服务体系的意见》和《国家基本公共文化服务指导标准》的地方性实施意见、实施标准,提出的标准指标和服务项目也各具特色。《中华人民共和国公共文化服务保障法》(以下简称《公共文化服务保障法》)于 2017 年 3 月 1 日起正式施行。对统筹推进"五位一体"总体布局和协调推进"四个全面"战略布局,进一步完善中国特色社会主义文化法律制度,加快公共文化服务体系建设,更好地保障人民群众基本文化权益,深入推进社会主义文化强国建设做了细致的要求。这些政策都在指导全国各地开展公共文化服务体系的建设,对推动我国公共文化的发展具有重要的意义。

　　尽管如此,随着农村社会的发展变迁,政府供给的公共文化产品的总量依然严重不足,与农民日益增长的文化需求甚至呈现逐渐脱节的趋势。

从整体范围来讲,农村的公共文化设施和公共文化产品都相对匮乏。政府把众多的资源转移至城市,使得城市和农村的资源分配很不合理。即使在农村的公共服务体系建设中,对公共文化建设的投入也较少,主要是其他类型的投资建设。根据农村公共产品的功能和不同发展阶段的需求变化,把农村公共产品分为经济发展型、公共服务型、社会保障型和生态保护型四种类型。经济发展型指对农业生产和农村经济发展起支撑和促进作用的公共产品,如农村基础设施、农田水利设施、农业气象、农业科学研究和技术推广、农产品市场信息等;公共服务型指保障农村社区稳定和农村基层政权运转的公共产品,如乡村基层政权组织的公共管理、公共服务、公共安全、经济发展规则等;社会保障型指为提高农民社会福利水平和基本生活保障的公共产品,如农村基础教育、农村公共卫生和医疗、农村养老保险、农村医疗保险、农村社会救济、农村文化与体育设施等;生态保护型指有助于推进农村经济、社会与生态和谐共存,农业与农村经济持续发展的公共产品,如农村生态保护、环境建设、村庄绿化、农业灾害防治等。政府对农村的投入主要还集中于经济发展型方面,对与农民生产和日常生活关联较少的公共文化产品的投入显然不能满足农民的文化需求。所以很多文化学者批评如今在农村地区的公共休闲方式是打牌、赌博,完全不是他们期望看到的农民安居乐业、生活融洽、物质和精神生活较为富足的景象,进而得出农民的精神生活极其匮乏的结论。其实,这是充满主观偏见的,与其说农民不需要文化生活,还不如说缺乏供农民消费的文化产品。这是公共文化产品供给主体在农村实践时应该考虑到的问题。

就目前而言,政府供给农村公共文化产品存在一些问题,其特征具体表现为:第一,运行成本高与利用效率低并存。由于政府长期以来是公共产品供给的垄断者,其自身缺乏动力去降低成本和进行技术革新,从而导致了低效率的现象出现。且由于农业生产的分散性和村庄布局的松散性,使得农村公共文化产品供给的组织成本和运行成本较高;农村人口密度不高且分布不均衡,最重要的是农民的受教育程度相对城市居民而言要低,导致农村公共文化产品供给的效率较低,公众受益范围较小。第二,高依赖性与低供给率并存。由于制度变迁,农民对政府供给公共产品尤其是公共文化产品形成了高度的依赖性,基本上不会主动去生产和供给该类生产。一方面是由于与其生产生活脱节,另一方面则是农民的可支配收入不能促使其投资公共文化产品。另外,长期以来,我国在公共文化产品的供给上是重城市、轻农村,农村公共文化产品供给总量严重不足。即使供给的文化产品,也不是与农民的主体需求相应的类型,因而在农村没有消费市场,很难形成高效率的供给;随着农村经济的不断发展和农民文化素质的不断提高,广大农民对农村公共文化产品的需求也水涨船高,对加强农村文化市场建设、农业基础网络投入、公共文化广场、文化教育的呼声也不断高涨,农民对政府供给农村公共文化产品的效率也提出了更高的要求。根据马斯洛的需求理论;人类需求根据物质条件的变化而具有相应不同的层次性,人类发展的更高状态是对自我实现的追求,是对精神生活的追求。尽管农村与城市的发展水平悬殊,但伴随着市场经济的运行,农村社会经济也取得了长足发展,农村地区的恩格尔系数不断下降,农民对基本生活需求的支出越来越少,而对文化产品的需求越来越大。近年来,中央政府也不断在政策上支持农村公共文化产品的供给,不断从制度、产品类型、供给模式上探索适合广大农村地区的有效供给模式。

第三,城乡公共文化产品供给资源分配不合理。当前我们不得不面临的事实是,由于长期实行城乡分治的二元经济结构和管理体制,导致城乡公共文化产品差距增大,随着农村经济结构演变和人口大规模流动,村庄资源贫乏并严重外流,因此,政府仍然是农村公共文化产品的主要供给者。虽然自中华人民共和国成立之初,政府就致力于公共文化产品的投入,甚至在抗日战争时期,中国共产党就在广大的抗日根据地实施了各种形式的农村公共文化产品供给,如教学场所的建立、教学课本的分发等。虽然农村公共文化产品的供给实践一直在不断发展和完善,政府也积累了很多的供给经验,但由于历史的原因,国家政策一直倾斜于城市的发展、优先发展城市工业,加上分税制的影响,农村的基层政府没有稳定的财政来源来补贴农村公共文化产品的建设。

虽然我国一直在对农村公共文化产品供给制度进行矫正,但一定程度上仍然存在缺陷,造成了农村公共文化产品供给的数量较少、供给方式单一。基本上是自上而下的供给,没有尊重农民对公共文化产品的主体性需求,这样很容易造成供给和需求的脱节。而且,现在很多农村的公共文化设施的设备陈旧,已经长时间没有更新,闲置率很高,造成农村文化建设缓慢,农民的文化权利、文化需求长期得不到应有的改善。这既不利于农民群众文化素质的提高和农村社会的稳定、发展,更有悖于社会公平原则的实现。

第二节　农村公共文化产品的自愿供给

农村公共文化产品由政府提供会因为政府的失灵而产生供给结构失衡,农村公共文化产品供给由市场供给会因为市场的失灵而产生效率缺失,在当前农村公共产品由政府和市场供给的二分法下,农村公共文化产品的供给还应该把农民自身这一关键性主体纳入公共文化产品的供给主体内,应该在尊重乡村地区的历史文化传统、遵循乡村"小传统"文脉的基础上,形成由农民参与共同构建农村公共文化产品的多元供给模式。因为在帝制时期,农村文化产品很少是由帝国及其下属科层机构直接供给,其统治权力基本处于"皇权不下县"的状态,因而农村公共产品的供给包括文化产品的供给者都是农民自己。中国农村社会有一套维持内部秩序运行的知识体系,积累了重要的国家供给公共产品的可替代经验。当今,在由国家供给广大农村地区公共文化产品的同时,应该考虑培育农民自主供给公共文化产品的能力。

一、农村公共文化产品供给模式的历史流变

从历史上看,由于"皇权不下县"这一传统的长期存在,农村公共文化产品主要以自我供给为主。在血缘和地缘的二维框架内,农村自主供给道路、水利、文化教育等外溢程度较小、限于村庄范围内的公共产品。伴随着公共文化产品的供给,形成了特定的乡村文化空间,文化空间超越了狭隘的地理意义上的空间,形成了一种文化场域,构成了乡村的意义世界和价值体系。农村文化空间既可以是地理上的,如祠堂、学堂等,也可以是价值观念、文化象征和资源的显化形态,如祭祀、歌舞、民俗活动等。[1] 可见,农村公共文化产品供给既有物质层面的意义,更多的是包含了诸如宗教、信仰、美学、民族等多方面的意蕴,超越了传统经济学的话语逻辑。

在自然经济条件下,农民的生活和消费水平较低,作为一个共同体,对公共物品的需求一直存在,包括对公共文化产品的需求。在这种政治环境和经济水平的共同作用下形成了农民自我供给公共物品和公共文化产品的传统。在传统中国,农村社会的关系网络在很大程度上是一种非工具性的交往网络,但在某些时期也能够变成具有功能的工具性网络。非正式的惯例、道德和风俗在乡村社会始终如影随形,它对正式制度的形成具有重要影响。在非正式制度中,重复发生的日常性和突发性事件,使相关行为者之间的关系具有重复博弈性质,重复博弈形成了人与人之间

---

[1]　李佳:《农村公共文化产品供给模式创新——基于构建秩序与自主秩序结合的视角》,《长白学刊》2012 年第 5 期。

的一种隐形的、模糊的"约定",约定各方可以对对方的行为有较为明确的预期,各方共享一种"承诺"或认同一种"游戏规则"。这种"承诺"或"游戏规则"构成了村庄的"社会关联",村庄社会关联越强,产生集体行动与合作的可能性就越强。① 农民通过各种正式的或非正式的组织实现了对公共文化产品的特有需求,通过这种组织以及农民之间的互相合作乃至长期重复博弈,农民之间的信任关系不断加强,逐渐形成了费孝通先生所说的"熟人社会"。在"熟人社会"里,社会关系作为一种情感纽带,将农户的情感联结在一起,使其具有共同的行为规则,并且通过长期的共同生活获得了丰富的行为者信息。村民不仅关注自己的个人福利,同时为了维持与社区其他成员的社会关系,还要关心他人的福利。按照行为经济学的理论,一旦在个体的效用函数中引入他人或者集体的状态,即"利他"状态②,就有可能克服个体在公共产品消费中的"搭便车"心理。传统时期的这种农民自主供给公共文化产品的模式有相当效率,足以维持乡村社会的文化延续和人际关系,使农民的文化生活一直处于较为稳定的状态。

进入近代,外国资本主义以武力进入中国,中国的传统乡村社会的结构逐渐发生转变,之后的军阀混战以及国民党统治时期在乡村各地区的改造活动,这些外在的压力使得传统自主的公共文化产品供给的形式发生了改变。到中华人民共和国成立,在农村地区进行土地革命,乡村社会的传统被不断打破,乡绅的文化威权和文化资本不断遭到削减,乡村文化发展和延续的链条不断崩塌,取而代之的是国家权力在农村内部的渗透,广大农民直接被整合进国家政治体系的洪流中。在这种制度框架下,农民不断失去治理文化的自主性,农民自主供给公共文化产品的能力不断

---

① 袁倩:《论农村公共产品自主供给的原因》,《山东行政学院学报》2013 年第 2 期。

② 陈宇峰、胡晓群:《国家、社群与转型期中国农村公共产品的供给:一个交易成本政治学的研究视角》,《财贸经济》2007 年第 1 期。

被高度集中的政治权力削减。

20 世纪 70 年代末,家庭联产承包责任制实行,农村公共文化产品供给重新出现。家庭联产承包责任制,是指农户以家庭为单位向集体组织承包土地等生产资料和生产任务的农业生产责任制形式,其基本特点是在保留集体经济必要的统一经营的同时,集体将土地和其他生产资料承包给农户,承包户根据承包合同规定的权限,独立作出经营决策,并在完成国家和集体任务的前提下分享经营成果。一般做法是将土地等按人口或劳动力比例根据责、权、利相结合的原则分给农户经营。这种做法可以短期内刺激农民增加对耕地劳动力和生产性资本的投入,通过增加投入的方式增加产出,但是这一制度也有它内在的弊端,主要在于分散性的经营方式导致对公共产品投资的激励的缺乏,获得经营自主权的农民更关心的是自己的农产品生产和收成。

在新的土地产权模式下,原来由政府财政统一承担、组织动员农民以劳代资的供给模式变成了政府与私人共同承担的供给模式,且私人参与的程度随着经济发展的水平不断提高。但是,农民在进行公共产品供给时必然会从自身利益的角度出发,减少对公共产品的投入。比如在生产中需要农户个人出资建设公共产品,如水利、道路等时,由于涉及不同的经济利益主体,必然存在农民"搭便车"现象,但农民并没有足够的能力和动力去组织成本较高的谈判,即使农户之间达成了某种契约,对契约的执行程度较低。在政府威权在乡村社会退却、又没有乡村精英牵头组织参与时,农村公共产品供给效率低下是必然的。家庭联产承包责任制虽然很大程度上调动了农民的生产积极性,为农业的发展提供了一定的激励机制,但是由于农业生产需要首先解决基础设施、水利建设等公共产品的供给问题,农民在这种问题上是倾向于搭便车的,因为农业耕作方式依然很落后,农业发展基础依然相当脆弱。这一时期,公共产品的供给是政府主导型,但是政府主要是把资源集中于城市的建设,对农村地区公共产品和农村公共文化产品的投入较少。

加上长期以来的社会问题,农村文化传统断裂,农民自主控制和运用的经济资源和社会资源有限,农民文化自主供给缺乏原有乡村精英的文化资本和道德号召力,农村公共文化产品自我供给效率低下。

二、农村公共文化产品自主供给的优势

农村公共产品自主供给,既是现行农村公共财政制度的必然选择,也是村民自治条件下的可行选择。农村自愿供给公共文化产品,一方面可以契合农民自身对文化产品的需求与偏好,另一方面可以缓解政府公共财政对农村公共文化产品的分配压力。农村自我提供的公共文化产品表达出来的生活理念和道德准则,地方庙宇、戏曲、祠堂等自生文化力量,都对传统村落的秩序维护和道德教化具有积极的作用。这些生成于村落内部的力量承载着地方性知识、村庄的集体记忆和村民生活的意义,是一个持续的不可断裂的过程。农村社会传统以各种形式制约着生活于其中的人民的思想观念和社会生活,这些不容忽视的力量对乡村社会的稳定起着重要的作用。①

(一)长期生活实践形成的村民认同感可以有效减轻搭便车的问题

我国的农村社会是一个由文化习俗、居住习惯、道德规范等诸多因素综合作用而形成的具有共同生活方式和历史传承的共同群落,具有典型的"熟人社会"特征,村民之间的私人关系构成了具有社会参与、社会信任、共同规范与普遍互惠的社会网络,由于社会网络的维系与关联,村民在社区事务上具有显著的交互影响,这就是村民行为决策的特殊场域。在这个特殊场域里,村民之间形成了特殊的认同感,这种认同感可以有效减轻农村公共产品供给过程中村民搭便车的问题。村民之间之所以放弃

---

① 李佳:《农村公共文化产品供给模式创新——基于构建秩序与自主秩序结合的视角》,《长白学刊》2012年第5期。

一部分个人利益而选择服从社会规范的行为,正是因为有这种长期生活实践形成的认同感。它使得村民之间达成了某种共识来为公共利益贡献自身力量,这样农村的公共物品供给得以实现。而搭便车的行为因为会受到村民之间群体舆论压力的制约,作为理性人的农民便不会轻易采取袖手旁观或损害公共利益的行为。农村社会正是依凭这种熟人社会特有的社会资本的力量降低村民之间合作的交易成本,使得人与人之间、人与组织之间达成合作。社会资本存量的不断提高,可以消除群体成员之间彼此的不信任,能够使群体成员为了实现特定的共同利益而合作。因此,农村地区特有的社会资本对提高农村公共文化产品的效率是有积极效用的。

（二）乡村精英的存在降低了农村合作的摩擦成本

在乡村社会的自身秩序中,乡村精英在农村公共文化产品供给的过程中担当了重要的角色。乡村精英在村中都有一定的文化威权和道德感化力,对村中事物有一定的号召力,因此能动员村庄的资源来供给公共产品。在农村社会,精英人物组织社会生产、抵抗外部竞争、维系社会秩序,他们对于社会的稳定和发展起着至关重要的作用。乡村精英通过组织参与社区集体行动从整个社区社会关系网络中获得额外的物质收益、声望、社会地位、荣誉、个人社会资本等,也正是由于社会激励的存在,乡村精英有强烈的组织参与动机。[①] 乡村精英在公共产品的供给过程中可以发挥一定的组织作用,并且能够节约集体行动过程中的交易成本。村民在日常生活中的交易行为比较频繁,在农村寻找一种适当的制度安排来节约交易费用是理性而且经济的,乡村精英作为这样一种结构性存在是合理的。农村公共文化产品自主供给具有特殊的实现路径:由于社会激励的存在,乡村精英愿意组织参与公共产品的自主供给并为之承担较高的支

---

① 朱宪辰、李玉连:《领导、追随与社群合作的集体行动——行业协会反倾销诉讼的案例分析》,《经济学(季刊)》2007年第6期。

付额度;由于乡村精英提供的选择性激励的存在,普通成员愿意放弃搭便车行为跟随参与公共文化产品的自主供给。①

乡村精英能减少农村合作摩擦成本的逻辑在于,乡村精英通过自己的经济能力和知识水平甚至通过家族或个人的道德威望来获得较高的社会资本,这种社会资本使得乡村精英具有比较高的信誉,人们愿意选择相信他来解决村民之间的纷争、希望他带头达到某种公共利益的实现。在乡村精英的中介作用下,村民之间建立信任关系的程度就更高了,这种关系进而调和自发供给公共文化产品中的各种利益矛盾,从而降低农民合作的摩擦成本。

(三)农村社会可以通过社会网络利用村外资源

尽管农村社会结构自近代以来发生了很大的转变,但目前仍然是一个传统社会资本占据主导地位的社会,不同个人、组织利用血缘、地缘、业缘等编织了复杂的人情关系网络,人们进行社会活动的时候依然会受到各种社会关系网络的制约。农村社会并不只是一个村庄内部自给自足的封闭型社会,村民与周边其他村庄、集镇都保持着密切的婚姻、资源等方面的交往,所以村庄的社会关系往往不局限于其内部,而延伸至村庄之外,建立起了跨村庄的区域交往关系。虽然有些村庄之间可能会因为资源争夺而发生冲突,但村庄之间的和平交往是主流,不同村庄之间共享彼此之间的资源在民间极为常见,共用水利设施、道路、森林资源等在农村非常普遍。而且,地理位置相邻或相近的村庄除了建立合作关系,因通婚、迁徙、子孙继替等原因建立起亲属关系的亦不在少数,所有这些村庄之间的交往都为农村社会利用村外资源提供了基础。

现阶段我国存在着三种社会资源配置方式:权力授予关系、市场交换关系和社会关系网络,社会关系网络作为一种非制度因素对于人们社会

---

① 胡拥军、周戎桢:《乡村精英与农村社区公共产品自主供给——基于"熟人社会"的场域》,《西南农业大学学报(社会科学版)》2008年第4期。

地位的获得起着重要的作用,农村社会关系网络对村民日常的行为规范和生活习惯的影响依然十分强大。在村庄内部,与外界有某种社会关系的村民在村内的地位很高,比如有熟人在外财力雄厚的家庭,这种家庭村民会倾向于利用社会关系来获得资源补偿。在国家对农村公共文化产品供给不足的现实情况下,那些拥有社会关系的村民可以获得外部资源的支持,为本村的公共设施建设投入一定的资金,虽然这种社会关系并不总是会实现村民特定的利益诉求。在国家和市场供给不足的条件下,村民利用社会关系网络实现资源获取未尝不是一项选择。当然,这种情形并不是农村公共文化产品在农村实现补偿的有效路径,村民利用村外资源为其他村民服务的案例很多,说明农村社会可以通过社会网络利用村外资源有这种可能性,这种可能性的论断是基于农村社会关系网络建构的现实。农村社会是一个村庄之间频繁交往互动的社会,是一个村庄与国家权力之间有着频繁联系的社会,农村社会利用村庄外资源来实现村民自我发展和村庄延续有历史和现实经验可循。

三、农村公共文化产品自愿供给的不足

(一)农业生产方式制约农村公共文化产品的供给

根据 Eliss 的定义,"农民是主要利用家庭成员的劳动从事生产并以此为经济来源的居民户,其特点是部分参与不成熟的投入要素和产出市场"。[①] 基于家庭为主要单位的生产方式,农民与市场的关系具有不完全性,虽然整个社会一体化的进程加速,但传统农民徘徊在开放、流动、分工的社会化体系边缘,他们生活在一个联系较少、高度分散的社会,分散性仍然是农民的主要特征。可以说,土地制度和农村经济制度塑造了农民的行为模式,农村土地细碎,小规模的耕种和经营,使农民成为一个个分

---

① F.Eliss,*Peasant Economics*,Cambridge:Cambridge University Press,1998,pp. 4-43.

散和孤立的个体。这些因素决定了农民的行为和决策方式,产生了供给中的资源整合的潜在获利与农民行为分散性之间的冲突。

从事传统农业生产的农民"看天吃饭",风调雨顺则收成会多,气候不适合农作物生产则会减产,在这种条件下农民之间的贫富差距较小,农民群体呈现均质化特征,个人或家庭没有足够的财力来为村寨其他人提供公共类的文化产品。在土地私有化时期,农村社会可能有地主和乡绅有经济实力和文化需求来购买文化产品,但他们的效用标准决定了文化产品是被村庄中的人们集体消费还是仅供私人消费。所以经济实力一般、文化消费需求未被培育的农民很少会主动购买文化产品,更不会将其购买的私人文化产品转化为公共文化产品。

虽然理论上农民可以作为农村公共物品的享用者和受益者,但由于单个农民作为分散的经济基础较为薄弱的"经济人",其自主提供公共物品的动力不足。按照公共产品的"受益原则",在公共产品的筹集供给资源的过程中,农民作为潜在消费者所负担的公共产品供给成本的份额,要与他们在享用公共产品中获得的具体效用多少联系起来,这样,单个个体都不愿意选择自主提供公共产品,即使乡村精英也不会在投入大于产出的条件下去供给公共产品,尤其是农民不太重视的公共文化产品,这种集体行动的困境导致集体福利的消失。

至少在两种情况下农民会且愿意提供公共文化产品。一种情况是在本人和血亲的人生过渡礼仪过程中,为了留存特定时间的记忆、得到村庄内外部的认可、获取区域社会的声望,人们会选择请"戏班子"过来表演,为村庄集体提供公共类的文化休闲产品;另一种情况是个体或家庭成员遭遇人生危机时,在科学手段不可及的情况下,农民会选择宗教人士为其做法事,以期平安渡过人生艰难时期。在此过程中也有可能提供部分的宗教性公共文化产品。这类公共文化产品在性质上虽然与当前的公共文化产品有很大差异,但是在满足农民精神消费需求的功能上却是一致的。

这种情形的出现在一定程度上满足了农民的精神文化需求,也扩展了不同来源的文化内容在乡村的传播范围,但总体而言,这类公共文化产品是准公共类的文化产品或私人文化产品,总量较少,辐射范围有限,与当前国家供给的公共文化产品性质、种类、数量不可作参照和比较。作为理性经济人的农民,对公共产品的需求的选择,首先考虑的是个体在公共产品享用中的效用,其次才会考虑集体分享的效用。

(二)以社会资本为基础的农村公共文化产品供给具有局限性

法国社会学家布迪厄的"社会资本"认为,社会资本是借助所占有的持续性社会关系网络而把握的社会资源或财富。在传统社会中,农民建立的社会资本是基于血缘亲属和人情关系网络的,村民之间的交往主要借助乡村社会长期建立起来的非正式规则,但非正式规则的运行依赖的是村民的自觉性而没有相应的强制措施,这种自觉性使得农民自主供给公共产品的集体行动具有较大的不确定性。村民在面对投入成本较高的公共物品如安全、水利设施时,选择搭便车或集体逃避的可能性较大。特别在面临较大的外部压力如自然灾害时,村民之间的信任会随之下降,乡村的自组织能力也会处于土崩瓦解的状态,很容易出现村民的集体逃避,导致农村公共物品的匮乏。即使有个别村庄能人有较高的社会威望和较多的社会资本,在历史特殊时期他的社会动员能力和资源协调能力也很有限,无法产生农村公共产品的供给动力。对于村庄中的非规范行为,村庄能人可能借助其自身或家庭累积起来的社会资本对其进行制裁,这是多数人对个别人的制约,但是公共产品供给需要的是村庄能人对全村人的影响和规约能力,在仅靠非正式制度维系起来的乡村社会很难完全确定某一个人的权威,并使全村人都听从其指挥。

农村地区社会资本的特征决定了农村地区缺乏大型公共物品自发供给的基础。一方面,国家的财政拨款不可能全部覆盖整个农村社会的公共物品供给,不同发展水平的农村社区具有不同的社会资本,大部分农村还是需要政府的制度内供给;另一方面,农村公共物品的自发供给基础薄弱是由社会资本的本质决定的,社会资本在本质上属于非正式制度,这种非正式制度具有很大的不确定性,不可能有完善的政策和强大的财政支持,农村的大型水利设施、公共安全等不可缺乏的公共物品的供给几乎不可能由农民自主供给完成。农村的社会资本有其特定的场域效应,只能限于小范围内且供给成本较低的公共物品的部分供给。

(三)供给体制的遗留问题制约了农村公共文化产品的供给

农村地区公共文化产品自主供给失效的另一个重要的原因,是因为当前供给体制的制约。很长一段时期内,我国实行的是自上而下的单一供给体制,政府基本作为唯一的公共产品供给主体,几乎包办了农村公共产品的供给。单一的政府供给模式缺乏市场、社会组织等力量的参与,这种单一的供给体制进而给农村地区公共文化产品的供给带来了一系列麻烦。

2001年之后,税费改革逐步在各省市进行试点、推广。税费改革虽然在一定程度上遏制了向农民随意收取费用、乱摊派等行为的发生,但也堵住了乡、村两级组织制度外供给农村公共产品的途径。政府作为供给主体不可能有无限的资金来支持所有农村公共产品的供给,一个完善的供给机制应该是多元协调的机制,能利用多方面的资源来实现对农村公共产品的共同供给。在市场经济条件下,农民作为自主的经济主体,对公共产品的需求,是根据地方的资源状况及自身从事生产经营活动和所处的社会环境来决定的。当前的农村公共物品特别是公共文化产品的供给决策承袭了计划经济时代自上而下的决策机制,在这种决策机制下,各级政府通过行政命令的方式对所辖区域的农村进行文化产品的供给,自行决定公共文化产品的内容和数量,与农民本身的文化需求发生了结构性的对立。再加上供给过程中缺乏科学有效的监督机制,公共资源低效使用的情况时有发生。这种供给体制的存在既没有有效实现制度内供给,也使得制度外的资源被堵塞而无法参与到农村公共文化产品的供给中,同时,降低了农民自主供给公共文化产品的动力和需求,造成了农村公共文化产品自主供给的失效。

(四)农村自主公共文化产品的溢出效应有限

溢出效应也称作外部性,该概念是由马歇尔和庇古在20世纪初提出的,是指一个经济主体(生产者或消费者)在自己的活动中对旁观者的福利产生了一种有利或不利影响,这种影响既可以是正向的,也可以是负向的。公共文化产品的供给同样可以发挥一定的溢出效应,而且这个效应一般是正向的。在传统农村社会,农民社会提供的公共文化产品如私塾教育就具有正向溢出效应。不仅如此,公共性的宗教祭祀活动、集体性的民间风俗活动都具有一定的正外部性,可以对村庄其他人和周边村庄产生一定的影响,即使是私人提供的精神产品也同样如此。但是,应该看到,由农村自主供给的公共文化产品其溢出效应是有限的。这种有限性体现在两个方面,一是在程度上无法满足农民的公共文化需求。由农村自主供给的公共文化产品在传统时期可以满足人们的需求,随着社会变迁,人们的公共文化需求变得多样化,层次性也更加鲜明,农村原有供给的较为固定的公共文化产品类型,已然不能满足农民日益丰富的公共文化需求。另一个有限性体现在范围上,农村自主供给的公共文化产品其外部效应往往局限于村庄内部,充其量会辐射到周边较近的其他村庄,但与国家在全国范围内供给公共文化产品的能力相比,村庄的公共文化产品供给能力微乎其微。也正因为受外部性的限制,农村社会不能作为农村公共文化产品供给的主要力量,而只在村庄内部有优势。

第三节　农村公共文化产品的市场供给

公共文化产品除了纯公共属性之外,还有准公共属性和营利属性。

所以,农村公共文化产品也可以由市场供给。在农村公共文化服务建设中引入市场机制,可以促进本土文化产业的发展。再利用文化产业的联动优势,通过市场化的路径,把农民和政府不能供给的文化产品生产出来,不但能满足农民在婚丧嫁娶等民俗活动中的内生文化消费,而且这种形式为广大农民喜闻乐见,丰富农民的文化生活,提高农村公共文化产品供给的效率,形成农村公共文化产品的民主表达机制,体现农民真正的文化需求,实现农村公共文化产品供给与需求的对接。

一、农村公共文化产品市场供给的理论依据

农村准公共物品属于"不纯粹"的公共物品,这类物品具有不完全的排他性和竞争性,因而这类产品的供给可以部分由市场来配置资源,可由市场主体来提供。农村公共文化产品在性质和内容上有时空相对性。而且在人们生活水平不断提高、科学技术不断进步的条件下,农村的公共文化产品更多的具有准公共的性质,农村公共文化产品的供给边界不断模糊,市场主体参与农村公共文化产品供给的趋向愈发清晰。

农村公共文化产品能够通过市场机制供给的一个理论依据是"私有产权理论"。其理由有二:一是私有产权就是将资源的使用与转让以及收入的享用权鉴定给一个特定的人,他可以将这些权利同其他附着了类似权利的物品相交换,也可以通过自由合约将这些权利让渡给其他人,他对这些权利的使用不应受到限制。而公共文化产品在生产过程和生产要素方面的可分割性,决定了能在某些生产环节实行私有产权的制度安排。公共文化产品的生产具有多环节、多属性、多层次的特征,而政府集中生产与市场分散生产各自有其适当的效率范围与规模,因此,在生产过程中可以根据不同生产环节和生产要素的可分割程度,采取不同的生产方式。这就为公共文化产品的市场生产提供了一定的空间。二是农民对公共文化产品的消费层次客观上要求市场机制的参与。由于公共文化产品的准公共性质,因而在消费上具有一定的排他性,在消费上越向私人产品属性靠近的公共产品,其市场化程度的可能性就越大。另外,产品的定价机制和产权鉴定的技术经济条件也决定了市场生产的可能性。所有的这些条件都有力地说明了市场供给农村公共文化产品是可能的,而且是有一定优势的。

市场参与农村公共文化产品供给的另一个主要理论依据是"政府失灵"。政府失灵主要是指政府部门在公共文化产品供给过程中浪费和滥用公共资源,从而使公共支出规模过大或效率降低。政府失灵主要表现在两个方面,一是政府制订政策时的失灵;二是政府执行政策时的失灵。由于政府失灵的存在,其他主体参与公共物品的供给便成了经济学家论证的重点。现代产权理论强调了产权界定和合理配置的重要意义,认为市场之所以会失灵,是因为产权界定不明确。反之,如果产权完全确定并得到充分保障,有些市场失灵就会被控制在一定范围内甚至不会出现。作为现代产权理论的杰出学者,罗纳德·H.科斯则认为:只要产权是明确的,并且交易成本是零,或者很小,则无论在开始时将产权赋予谁,市场均衡的结果都是有效率的。① 现代产权理论在强调产权重要性的同时,也肯定了市场配置资源的效率,肯定了市场主体供给公共产品的可能性。

对公共产品市场供给持肯定态度的是经济学家布坎南。布坎南在他的著作《俱乐部的经济理论》中提出了"俱乐部物品"的概念,俱乐部物品是指在消费上具有非竞争性而在收益上具有排他性的物品,这类物品介乎纯私人产品和纯公共产品之间且存在一定的"拥挤性",这类物品在范围上也部分包括了公共文化物品。这类产品对俱乐部成员最大效用的发挥需要借助排他性的手段,如收费制度,排斥非俱乐部成员享用公共产品,他通过游泳池的案例说明了这一点。其假定游泳池的修筑成本是固

---

① ［美］威廉姆森等:《企业的性质起源、演变和发展》,姚海鑫、刑源源译,商务印书馆2007年版,第35页。

定的,且俱乐部成员的收入及偏好也相同,要达到效率最优解决的主要问题是成员数量。在排他性存在的前提下,随着成员的增加,每个成员所负担的消费平均成本会不断下降,但是若有新的成员再加入则会带来拥挤成本的上升,这时候就应该限制新成员的加入,从而维持游泳池的继续运转。通过对俱乐部产品理论的延伸,布坎南认为如果能通过一定的制度使得产权明晰,就可将很多纯公共产品变成俱乐部产品。比如灯塔,产权的身份性限制能够阻止没有"照明执照"的船只靠近或阻止其通过灯塔照耀下的海峡,相对比,拥有执照的船主就会享有这种福利。因此,在合理界定产权的前提下,市场可以与政府在准公共产品的有效供给方面做得同样好,有时候甚至更好。我国农村地区公共文化产品在政府单一供给主体的长期实践中,效率有待提高,随着农村地区生产力水平的不断提高,农民收入的增加,其对精神方面的追求也日益强烈,因此,市场主体参与农村公共文化产品的供给是必要的。

波斯纳的期货合同理论同样论证了准公共产品市场供给的合理性。身为美国法律经济学家的理查德·A.波斯纳认为:"如果任何有价值的(意味着既稀缺又有需要的)资源为人们所有(普遍性),所有权意味着排除他人使用资源(排他性)和使用所有权本身的绝对权,并且所有权是可以自由转让的,或像法学学者说的是可以让渡的(可转让性),那么,资源价值就能最大化。"①因此,在交易费用高昂的社会,应把权利赋予那些最珍惜它们并能创造出最大收益的人;而把责任归咎于那些只需付出最小成本就能避免的人。波斯纳从一个崭新的角度论述了公共产品的市场供给可能性。他认为只要具备一定的条件,私人的市场完全可以实现帕累托最优。波斯纳的理论给我们的启示就是在实际的经济运行过程中,某些公共资源类准公共产品未必一定要通过期货合同的方式来获取利润,

① [美]理查德·波斯纳:《法律的经济分析》,蒋兆康译,中国大百科全书出版社1997年版,第66页。

出售这类资源本身也同样可以实现成本补偿和利润获取,如气象部门可以通过为农业、商业、航海等部门供给专业的远期天气预测而获得合理补偿。同样地,企业主体可以通过为农民收集农产品和市场信息而获取利润,同理,企业主体可以通过为农村供给公共文化产品来获取利润,这样既可以弥补政府失灵,也可以满足农民精神文化需求。

与政府作为单一的农村公共文化产品供给主体相比,市场具有较为明显的优势。政府在公共服务供给的实践中,也意识到政府作为单一供给主体的不足,因而也开始积极转变政府职能,有限度地引导社会力量和市场机制对公共文化服务进行合作供给。在 2017 年 3 月 1 日发布的《"十三五"推进基本公共服务均等化规划》中明确指出要积极引导社会力量参与,推进政府购买服务,推广政府和社会资本合作(PPP)模式,为市场参与农村公共文化产品的供给提供了法律依据。因此,市场作为最具效率的供给主体应该参与到农村公共文化产品的供给中来。

二、农村公共文化产品市场供给的优势

由市场主体供给农村地区公共文化产品具有比政府和第三部门较多的优势,其优势主要体现在两个方面:一是市场配置资源的效率优势。与政府配置资源时的自上而下决策机制相比,企业在配置资源首先考虑的是投入和产出比,它要以消费者的效用为考虑对象,在生产产品之前就已经经过市场调研了解了人们的公共文化需求,可以有针对性地进行产品生产。二是市场供给农村公共文化产品的多样化优势。这种优势体现在决策机制、生产管理的效率优势、促进公共产品生产和消费的其他优势等多方面。

(一)市场提供农村公共文化产品的效率优势

资源的不同配置方式会形成不同的经济体制。根据资源配置的特

点,人类社会的经济体制可以分为自然经济、市场经济和计划经济。自然经济是在生产力水平低下和社会分工不发达的特殊历史条件下产生的资源配置方式,其主要特点是自给自足;而市场经济则是依据市场机制配置资源,是指资源的配置排除了政府的权力干预,在经济运行过程中,市场机制根据市场需求与供给的变动引起价格变动,从而实现对资源进行分配,组合及再分配与再组合的过程。其核心问题是人类如何最佳地配置人们所掌握的稀缺性资源,以提供各种产品和服务,从而最大限度地实现资源对人类的效用。相比较而言,市场经济是最有效率也是最公正的制度,对社会资源的配置能力也最高,其对文化资源的重新配置也最有可能达到帕累托最优。市场经济对人类社会生产力的提高作出了重要贡献,加速了人类社会的发展历程。迄今为止,全世界绝大多数国家都纷纷走上了市场经济的道路。这种经济体制的趋同,一方面表明市场经济具有极强的吸纳能力和兼容能力,另一方面也意味着市场经济模式的多样性和丰富性。

市场机制允许人们按照自己的本性来发展,因而市场能够引导社会资源和要素达到最佳配置的格局。市场机制提供农村公共文化产品主要靠价格体系来完成,在自由竞争的环境下,价格体系能充分反映消费者的消费偏好和收入水平,从而达到供给和需求的平衡。在《道德情操论》中,亚当·斯密指出人们在追求财富和奢侈的欲望促使下从事工业和生产时,认为人们被一只看不见的手引导进行生活必需品的分配,这在后来被人们引申为市场机制。在市场机制的作用下,谋取最大利润率的私人和企业通过市场行为必能达到社会资源的最佳配置结果。从哲学层面来分析市场机制的效率主要是因为市场规律。尽管农村公共文化产品的供给在当前主要是依靠政府的行政手段来实现,但是在计划指令和行政手段的干预下,文化资源和要素的流动是管理者主观意志的结果,往往会与市场规律相悖。而现时市场环境下形成的自然秩序是依照规律来配置资源和市场要素,其效率自然要高得多。

（二）市场供给农村公共文化产品的多样化优势

根据马斯洛的需求层次理论,需求分为不同的层次。公共需求也是如此,可以分为基本的公共需求和高级的公共需求。社会的正常运行必须要满足人们基本的公共需求这一前提,这种基本的公共需求的满足离不开政府力量的参与,但高级的公共需求如公民的文化需求,通过政府来提供该类公共产品或者公共文化产品其效率不一定是高的。主要是因为政府受财政压力的制约,对人们最基本公共需求的满足都倍感捉襟见肘,高级的公共文化需求更是很难满足。关于政府不能满足人们的高级公共文化需求的另一个客观事实,是社会成员对公共产品特别是公共文化产品的需求是多样性的,很多公共文化产品对于社会成员特别是农村的居民来说都是一种超额需求,游离于其日常的生活实践。如果超额的需求由政府来提供,一方面会引起其他成员的不满,另一方面则会造成这种公共文化产品供给的低效率或公共资源的严重浪费。另外,如果对这类高级的公共文化需求进行收费,公共文化产品的价格就会直接根据消费者的个人偏好来确定,由于人们不同消费偏好的存在,有高级消费偏好的社会成员会隐瞒个人偏好,最终造成公共文化产品供需的结构性失衡。政府作为一个有独立意志和行事能力的行为实体,并不能保证按市场的真正需求来提供公共文化产品。因此,这类公共产品或公共文化产品由市场提供则更为合适。

有文化需求的社会成员在政府无法免费提供公共文化产品的条件下,会选择以付费的方式从市场上购买该类产品以满足个人的特殊需求。市场来提供公共文化产品,必须要使供给主体的供给成本低于市场价格,即提供公共文化产品要能使企业主获得经济上的回报。在既存在市场需求的消费者又有追求经济利益的生产者的场域中,公共文化产品作为一个中介,可以满足供需两方面的不同诉求。当然,这离不开市场机制的作用,只有通过市场中的价格机制和竞争机制来供给某类公共产品或公共文化产品,才能既满足市场中某些消费者的超额公共需求,又能满足市场主体的利润追求,从而达到公共产品的高效配置。随着我国市场主体不断成熟、价值补偿手段不断多元、项目评估能力不断提高、排他性技术不断增多、产权制度不断完善,同时农民的素质不断提高,对文化产品的需求日益强烈,市场供给农村公共文化产品的条件越发有利,市场供给农村公共文化产品的趋势不断明确。

三、农村公共文化产品市场供给的不足

市场供给农村公共文化产品的不足则意味着市场失灵。农村公共文化产品的市场供给失灵,是指由于内在功能性缺陷和外部条件缺陷,引起的市场机制在配置资源的公共产品领域运作不灵。内在功能性缺陷主要表现在市场机制作用的自发性、盲目性和滞后性,外部条件缺陷主要是指市场机制发挥最佳功能所要求的若干市场条件在现实的经济运行中往往不具备或不完全或不充分。① 可以说,即使在尊重市场机制作用的前提下,公共文化产品的供给仍然会产生市场失灵。市场失灵的根源在于没人对市场负责,这是由市场机制本身的特点所决定的。市场失灵主要表现在私人"搭便车"行为和私人部门无法确定有效的公共文化产品产量两个方面。私人"搭便车"行为是指在技术上无法将不付费的人排除在外或排除成本很高,导致以营利为目的的私人企业无法获得利润上的回报,从而使私人部门失去供给公共产品的动力。而在私人部门无法确定有效的公共产品产量方面,则是由于公共产品消费的非竞争性,这一特征导致有理性倾向的潜在消费者有意隐瞒或低报自己对公共产品的真实偏好,导致价格机制在公共资源配置中的失灵。市场供给公共产品或公共

---

① 郭小聪:《政府经济职能和宏观管理》,中山大学出版社 1999 年版,第 103 页。

文化产品还遭遇以下几个方面的阻碍：

（一）市场供给的观念障碍

由于中华人民共和国自成立以来很长一段时期内一直是政府主导农村公共文化产品的供给，几乎是政府单一的供给模式。对于市场供给农村公共文化产品，一方面政府没有完全放权，由市场主体参与公共产品的供给；另一方面是企业主体不看好农村公共文化产品的投资回报率，也没有供给农村地区公共文化产品的经验。农村地区市场供给公共文化产品更深层的原因在于农民文化消费需求的制约。农民对公共文化产品的需求虽然随着经济发展水平的发展而不断增强，但总体对公共文化产品的需求依然动力不足，在农作完成之后，农民一般选择在家看电视或者拉家常，而对公共精神产品的需求则处于被遮蔽的状态。即使市场供给农民较为需要的公共文化产品，一般农民对公共文化产品的支付能力较弱。因此，市场对农村公共文化产品的投入数量和种类少、投资规模小。

（二）市场供给农村公共文化产品的范围尚不明晰

当前市场供给农村公共文化产品的边界尚不明确，这主要是由于以前供给制度的影响。在确立市场经济体制之前，农村地区公共文化产品的供给主要由政府供给，另一小部分则由于农民自主供给。随着市场经济的引入，私人资本不断做大做强，甚至把经营领域渗透到公共文化产品的生产领域。但是农村公共文化产品的市场供给边界却不是无限的，只有那些具有排他性的准公共文化产品，私人部门才会在有利可图的条件下选择性地供给。但是市场供给者究竟能在多大范围内供给农村公共文化产品，市场与政府的具体供给边界在哪里，依然非常模糊。现实中的公共文化产品在不同的历史时期，其性质也不断发生变化，在这种情况下，私人资本进入公共文化产品供给的领域具有高度不确定性。理性的企业主体，不会轻易涉足农村公共文化产品的投入。

（三）市场供给者融资困难，资金实力有限

在当前的投融资环境下，私人企业投资者想要融资可谓困难重重。一方面，单靠政策性的金融机构投资，力量有限，而且还存在着项目审批繁杂等诸多问题；另一方面，商业性的金融机构，鉴于贷款的高风险，一般不愿意向那些民间的、生产规模小、产业层次低、投资回报率不明确的市场供给者提供贷款。所以，一般的企业即使能获得政策性贷款或银行贷款，也不会轻易去投资农村公共文化产品，而是会选择投资一些回报率较高、风险相对较小的热门行业。融资的门槛阻碍了众多想要把农村公共文化产品作为盈利点的市场主体。

（四）个人或企业供给的额外成本过高

个人或企业供给农村公共文化产品的额外成本过高，主要归因于地方政府的干预。有些地方政府承诺种种诱人的投资条件，大力招商引资，吸引个人或企业主体来本地投资，但在实际上却没能给投资者足够的支持，甚至会把前来投资的个人或企业视为财政收支的源头，对他们进行不合理的摊派和收费。有些地方政府更为了完成上级部门定下的征税指标，解决自身财政困难，频频以各种名义对供给农村公共文化产品的个人或企业征税、收费。这既给投资者造成了巨大的经济压力，也打压了投资者的投资热情，极大地阻碍了农村公共文化产品市场主体的参与。

目前市场供给农村公共产品或文化产品前景很好，但效率依然是低下的，在缺乏完整产权制度、政府激励机制、投融资机制和相应的监管体系的条件下，农村地区公共文化产品的供给由市场供给还需要政府在制度方面的保障，给市场生产者和投资者一个稳定的外部环境。且公共文化产品本身具有天然的市场缺陷，市场供给始终会产生无效率的问题，政府有责任对市场失灵做出弥补。在市场经济时代，市场的作用是不容忽视的，但政府对市场的维护同样不可或缺。

第四节　农村公共文化产品供给模式选择的影响因素分析

农村公共文化产品供给主体选择主要有三种,即农村公共文化产品的政府供给、市场供给和自主供给。在具体的实践当中,政府供给和农村社会自主供给是公共文化产品两种主要的供给模式,且这两类供给主体提供的公共产品规模、性质、类型都有较大差异。在当前的供给结构下,如何选择最恰当的供给模式成为政府亟须解决的难题,是选择单一的供给主体还是组合不同的供给方式? 在前文中已经明确了每一种供给模式的优势和劣势。那么,在以供给效率为最终目标的供给模式选择中,需要考虑哪些因素来选择最合适的供给模式呢?

一、农村公共文化产品供给考量因素分析

农村公共文化产品供给主体的选择是基于社会发展现实。社会的发展使得公共文化产品供给成为政府部门必不可少的职责之一,也培育了除政府外其他的供给主体,正因为有多个供给主体才有了选择的基础。在当前,农村公共文化产品的供给主体主要有政府、市场、农村社会自身三种,以政府供给为主要的模式,农村社会内部供给依然存在,市场供给逐渐成为新兴的供给力量。无论选择哪一种供给主体,供给者的特征、需求者的特征、供给区域的现实、文化产品的性质是四个必须要考虑的因素。

(一)供给者的特征

本文将供给者主要分为政府、市场和农民。在公共文化产品供给的实践上,三个主体分别具有不同的优势和劣势,也表现出不同的特征。在

前文中已经提到政府、市场和农村社会供给公共文化产品的内涵和形式，本节重点分析三种不同供给主体在公共文化服务建设方面的特征。

1. 政府供给的特征

供给者的特征决定了谁是最适合的农村公共文化产品的供给者。在角色定位上一般认为，政府是农村公共文化产品的规划者、主导者、实施者。在我国的政治体制下，政府拥有足够的权威来调配资源，自 1949 年之后政府一直对农村公共文化产品供给具有绝对的控制权，在政策制定、资源分配、产品类型、供给数量上都由政府操办。在计划经济时期国家实行高度计划性的制度供给，所有的物质资源都归国家和集体所有，而农民只是集体组织中的劳动者，在生产过程中缺乏话语权，缺乏积极性和主观能动性，所有的决定和支配权都掌握在中央政府和各级政府手中，因而农村公共文化产品全部由国家按照计划统一分配，农村社会的自主性被挤占。

国家大规模地实行家庭联产承包责任制之后，农民虽然有了一定的自主性，但是由于交易成本太高和普遍存在的"搭便车心理"，更因为需求层次的制约，农民自主供给公共文化产品的意愿很小，因此这一阶段依然由政府主导供给公共文化产品。采取"自上而下"的供给模式，由中央到地方政府逐渐下放特定的经济指标，同时也决定农村公共文化产品的供给总量和结构。随着政府逐渐转变职能，逐渐形成了政府主体、多元社会力量参与的公共文化服务供给结构，但在农村公共文化产品供给上，由于农村公共文化产品的供给成本和产出效率，市场力量很少进入农村地区的公共文化服务供给行列，依然是政府在具体操作。

由此可见，政府在农村公共文化产品供给方面有几个优势，即上述所说的角色、权力、财政优势。这些优势使得政府成为了当前公共文化产品供给的主要力量。政府作为供给主体的特征是实践时间久、经验丰富、覆盖面广，由于有强大的政治权力作为支撑，因而资源动员能力强。但在另一方面也形成了制度依赖,造成农村公共文化服务体系建设效率较低,甚至出现内卷化倾向。新制度经济学认为,一种制度一旦形成,不论成效如何,都会在一定时期内持续存在并影响其后的制度选择,这就是进入了一定的制度路径依赖。① 所以政府在履行公共文化服务职能的时候总是倾向于依赖已有的制度路径,这种制度路径虽然在一定的历史时期内具有正向的积极功能,但随着环境的变迁,制度路径会出现与社会现实不匹配的矛盾,最终导致公共文化服务建设的低效率。当前农民地区公共文化服务体系建设过程中出现的资源闲置、供给不足、服务功能低下、制度不完善等问题与文化产品供给的制度路径僵化不无关系。

所以,政府作为农村公共文化供给主体是不可缺少的,其实力是市场、农村社会无法企及的,但政府也有其自身的缺陷,由中央到地方内部层级多,条块分割状况明显,因而供给效率低下。其"自上而下"的决策机制、与农民文化需求不契合的供给现实、公共资源闲置浪费的问题都应该需要矫正。因此,农村公共文化服务体系建设离不开政府支持,同时政府也需要转变职能,提高农村公共文化服务体系建设效率。

2. 市场供给的特征

农村公共文化产品的市场供给至少可分为两个层面:一是农村公共文化产品由市场进行配置,二是由市场供给营利性的公共产品。在第一个层面上,政府向企业主体购买服务。政府出台了文件吸引社会资本投入公共文化领域。2015 年中共中央办公厅、国务院办公厅印发的《关于加快构建现代公共文化服务体系的意见》就已经指出要建立健全政府向社会力量购买公共文化服务机制。出台政府购买公共文化服务指导性意见和目录,将政府购买公共文化服务资金纳入财政预算。推广运用政府和社会资本合作等模式,促进公共文化服务提供主体和提供方式多元化。

---

① 程恩富、胡乐明:《新制度主义经济学》,经济日报出版社 2004 年版,第 196—204 页。

鼓励和支持社会力量通过投资或捐助设施设备、兴办实体、资助项目、赞助活动、提供产品和服务等方式参与公共文化服务体系建设。可见政府早已认可了市场在农村公共文化资源配置上的优势。在第二个层面上，市场主体直接向农村地区提供营利性的文化产品和服务。这种状况其实早已出现，在传统时期，戏班子等都算是文化服务的供给者；在现代社会，市场力量向农村地区提供公共文化产品更为常见，人生过渡礼仪时农民请的乐队、表演团体、购买其他娱乐性的私人文化产品都属于市场力量供给文化产品和服务的范畴。虽然在性质上，市场向农村供给盈利性公共产品属于非公共性范畴，但在实践层面上，市场供给农村公共文化产品或服务是可能的。

市场力量之所以能作为一个供给主体，或者说政府鼓励市场力量进入公共文化产品的供给，一是与我国确立的市场经济体制有关。二是由于市场本身所具有的效率优势。如前所述，市场主体与政府所属的官僚体制不同，企业在生产公共文化产品时本身就有效率优势。三是市场供给农村公共文化产品的多样化优势。这种优势体现在决策机制、生产管理的效率优势、促进公共产品生产和消费的其他优势等多方面。因而，市场供给最大的特征是效率高，能准确把握农民的公共文化产品需求，自下而上地针对农民的文化需求进行公共文化产品和服务的精准供给。这样一来，市场供给的公共文化产品使用效率高，不会造成社会资源的浪费。

但是，高效率随之而来的是公平性缺失的问题。市场主体作为营利性组织，其最重要的目标是营利，因而企业在进行文化产品供给时会精确考量投入和产出，对于投入成本较高的产品或地区，企业会选择性地规避，由此造成不同区域之间、不同类型的文化产品结构制衡，即企业会在经济条件较好的农村地区提供文化产品。一是因为这些地区交通便利，产品供给成本低；二是因为经济收入高的农民对于文化产品的需求高，购买力强，投资回报率高；另外，企业会迎合农民的文化需求，对于农民喜欢的产品会积极供给,而对于农民厌弃但外部效应明显的产品则会减少供应量,如此会带来农村公共文化品位下滑的潜在风险。如此,市场供给的另一个特征是公平性缺失,忽略外部效应明显的公共文化产品。为了解决这种悖论,必须一方面由政府购买指定的公共文化产品类型,即企业负责提供产品或者服务,政府负责购买;另一方面需要政府加强监督,规约企业行为,确保公平性和高效率的兼顾。

3. 农村自主供给的特征

农村自主供给公共文化产品曾经在历史上是很常见的形式,农村社会发挥着重要的公共产品供给的功能。对于农村自主供给公共产品,政府持鼓励态度,因为这可以作为政府和市场供给农村公共文化产品的重要补充,共同为农民的精神文化需求的满足提供资源。农村公共产品自主供给既是现行农村公共财政制度与政策下的必然选择,也是村民自治条件下的可行选择。农村自愿供给公共文化产品一方面可以契合农民自身对文化产品的需求与偏好,另一方面可以缓解政府公共财政对农村公共文化产品的分配压力。农村自主供给公共文化产品的首要特征是使用效率高。传统农村社会内部是一个同质性较高的社会,人们的公共文化需求基本是一致的,或者说人们的公共文化需求就是人们在日常的人际关系活动中磨合培育出来的,它本身就是农民互相协商的结果。因而,传统农村社会提供的公共文化产品不存在供给与需求失衡的矛盾,从其生产之初就已经是农民所需要的,是农民维持社会关系、平衡精神世界、增长地方知识的重要工具。

农民自主供给公共文化产品的另一个重要特征是超稳定性。与我们惯常理解的公共文化产品形态不同,传统时期农民自主提供的公共文化产品包括满足农民公共精神需求的所有形式,如地方庙宇、戏曲、祠堂、宗教、民间歌舞等各种对传统村落的秩序维护和道德教化具有积极作用的文化产品。农村自我提供的公共文化产品表达出来的是农民的生活理念和道德准则,这些生成于村落内部的力量承载着地方性知识和村庄的集体记忆和村民生活的意义,是一个持续的不可断裂的过程。也正因为如此这类文化产品具有超稳定性,它是农民在理解自身、理解已知和未知世界、理解宇宙所生发出来的集体智慧,它的出现具有一定的时空稳定性,即它在某个时间阶段、在某个人生场合会出现,也必然会出现。总之,农村自主供给的公共文化产品其形态是稳定的,不会在短时间内发生重大结构性变迁;其发生的时间和社会情境基本是固定的,不会轻易发生时空转换。

农村供给公共文化产品的另一个明显特征是区域性。由于农民自身局限性的制约,单个农民几乎不可能为村庄提供公共文化产品,除非在特殊的人生过渡礼仪或极为特殊的场合,农民会偶尔向社会购买文化产品供其他村庄成员享用,这是其获得村庄成员认同、提升社会声望的重要方式。但这只是特殊情况,一般的农民既没有经济实力也没有意愿为其他人供给公共文化产品。即使是集体性的公共文化产品,如娱乐性的歌舞、宗教祭祀也是在村庄内部进行,其他村庄很少能享用本村的公共文化资源。也正是区域性特征的存在导致农村社会自主公共文化产品的窄化状况,它不可能大规模地向其他社会成员提供公共文化服务。

(二)需求者的特征

需求者的特征是选择决定何种供给主体、供给何种公共文化产品的关键要素,因此在农村公共文化产品供给过程中必须要将需求者的主体性需求考虑在内,针对性地为需求者提供公共文化产品。政府也逐渐意识到需求者对于公共文化产品供给者的意义,开始强调在公共文化服务体系建设的过程中,了解农民的公共文化需求、疏通农民的文化需求表达渠道,实现从文化产品的单向输出到老百姓按照个人需求"订制文化产品"的转换。所以在向特定人群供给公共文化产品时,必须要首先考虑需求者的特征才能最终提高公共文化产品的供给效率。需求者的特征体现在经济收入水平、年龄阶段、消费结构、受教育水平、真实文化需求五个基本方面,这些要素都能影响公共文化产品消费,为提高公共文化产品使用效率,必须将这五个要素考虑在内。经济收入水平与文化消费需求具有密切关联。一般认为,个体经济收入越高,其可支配收入就越多,文化需求也就越强烈。因而,其个人也更愿意购买差异化的文化产品。从理论上讲,经济收入高的人群对于公共文化的需求较为强烈,但是对于差异化的文化产品和服务同样强烈,因为这类人群对于文化产品和服务的价格需求弹性较低,更倾向于在文化消费上花费金钱。无论是政府还是市场在供给公共文化产品时,必须要将经济收入水平考虑在内,因为这是决定供给何种公共文化产品和服务的关键要素。

年龄阶段也是影响公共文化产品消费的重要因素之一。不同年龄阶段的人有着不同的公共文化产品消费需求。一般而言,儿童的公共文化需求体现在受基本教育、娱乐性的游乐设施、漫画卡通书目等方面;成年人的公共文化需求体现在信息设备、农科书目、流行歌舞、公共娱乐设施等方面;老年人的文化需求体现在戏曲、集体宗教活动、棋牌等方面。而且,儿童的公共文化需求表达与成年人的表达方式不一样,他们往往不能有效表达出个体的文化需求,因而在公共需求统计上比较困难。无论如何,年龄因素是影响公共文化产品消费的一个主要因素,必须认识到不同年龄阶段的人的不同文化需求。

消费结构也是反映一个人文化需求的重要指标。在广义上,消费结构可以指时间消费结构和金钱消费结构,在经济学意义上主要指收入的分配结构。从一个人的消费结构上就可以衡量其大致的文化需求。如一个人在阅读上花费的时间越多,在经济上购买书籍的比例较高,那可以了解该人的消费需求主要是在自我提升和受教育方面。19世纪德国统计学家恩格尔根据统计资料,对消费结构的变化得出一个规律:一个家庭收入越少,家庭收入中(或总支出中)用来购买食物的支出所占的比例就越大,食物支出与家庭总支出的比例就是恩格尔系数。恩格尔系数越高,就说明这个人越贫穷,而恩格尔系数越低,就说明这个人越富裕,其文化消费需求也就越强烈。消费结构与个人的收入水平密切相关,是测量个人文化需求的重要指标。只要设计出科学的消费结构测量表,就可以较为轻易地掌握个人的文化消费需求,进而针对性地对其进行公共文化产品的精准供给。

受教育水平是影响文化消费的主导性因素。不同受教育程度的人对于不同的文化产品有着不同的文化需求,个人的受教育程度不仅会影响其文化消费品数量,而且还会影响到他的文化消费层次。教育经历的差别造成人们看待世界、认识世界、理解世界的方式千差万别,由此也造成他们对不同文化产品和服务的消费品位。可以说,受教育水平与文化消费能力有直接的因果联系。因而公共文化产品的供给需要先调查需求者的受教育水平,通过受教育程度可以基本断定其公共文化的品位。

真实文化需求是上述几个因素综合影响的结果。当然,除了经济收入水平、年龄阶段、消费结构、受教育水平等因素之外,个人的生活经历、生活环境也对文化需求的形塑起着极为重要的作用。相比经济收入水平、年龄阶段、消费结构、受教育水平等可测量、可量化的指标,个人的生活经历和生活环境却难以把握,但这两个因素却对个人文化需求有极为重要的影响,为了更加准确地掌握个人的公共文化需求,必须通过深度访谈法或者问卷调查法调查其真实文化需求,使其自主表达真实的文化需求,在评估个人文化需求可实现性的基础上,为其提供符合内心预期的公共文化产品。

当然,需求者的特征主要体现在个体层面,而公共文化产品的供给是调查公共性的文化需求。但是只有以个人文化需求为基础才有符合农民公共性的公共文化需求。在公共文化产品的具体实践当中必然不可能满足所有个体的差异性需求,因为个体性的文化产品供给成本过高,在当前的国家经济发展状况水平下,只能个人向其他供给力量购买其差异性的文化商品,而不能由国家或者政府来承担。考量个体需求者的特征的意义在于政府要在个体性的文化需求基础上总结出整体性的、公共性的文化需求,满足供给目的地大多数人的文化需求,最终实现农村公共文化产品的有效供给,健全农村地区公共文化服务体系建设。

(三)供给区域的现实

需求者特征是从个人微观层面了解单个人的文化需求,而供给区域的现实是从宏观层面把握区域整体的文化需求状况。供给区域的现实对于公共文化服务体系建设具有重要的参考价值,或者说对供给区域现实的考量,是农村公共文化服务体系建设最基本的要求。只有全面了解供给区域的各种情况,才能有效进行公共文化产品供给,科学选择公共文化产品供给主体。这里的供给区域现实特指对公共文化服务体系建设有影响的因素,包括区域的地理位置分布、社会经济发展水平、交通状况、人口数量、人口构成、文化现实等各个不同的层面,这六个方面都对公共文化产品供给决策起着重要的参考作用,也是公共文化产品发挥效用的影响因素,因而在进行公共文化服务具体实践过程中必须慎重考虑。

首先,地理位置与交通状况紧密联系在一起。不同的地理位置供给公共文化产品的成本不一样。交通便利的区域,公共文化产品的供给成本低,不仅政府愿意供给,市场力量也愿意供给。因为相对交通闭塞的地方,交通便利的区域投放公共文化设施建设成本低、交通成本低、供给效率高、投资回报率也高。反之,交通闭塞的区域供给成本高,主要由政府进行公共文化产品的供给,除此之外,只有农村社会内部供给。其次,地理位置与经济发展水平也有重要关联。地理位置与经济发生的正相关关系已经成为被接受的事实,在中国也表现得较为明显,东部沿海地区的经济发展水平高,而西部山区的经济发展水平低;平原地区的经济发展水平高,山区丘陵地区的经济发展水平低。可见,地理位置决定了区位发展条件。最后,不同的地理位置具有不同的经济文化类型,人们的公共文化需求类型和层次都有较大差异。如农牧地区人们的文化需求就与农业平原地区不同。因此,在构建公共文化服务体系时必须要考虑地理位置对于供给成本的影响以及不同地区人们公共文化需求的差异。

经济社会发展水平与人们的文化购买力、文化消费需求层次有直接的关系。我国农村地区地域辽阔,内部的贫富差距较大,东部农村地区经济发展基础好,发展速度快,农民的收入来源多元,其可支配收入自然要比西部农村地区的农民高。西部农村地区,人们大多还停留在基本温饱线上,没有足够的可支配收入投入到文化消费上来,因而经济发展落后的地区更依赖国家的公共文化服务体系建设,而经济发展水平高的区域可以利用社会力量进行公共文化产品供给,借助外部资源进行文化补偿。不同程度经济社会发展水平的区域,人们的文化消费需求层次也不同,因而政府在供给公共文化产品时应调整供给策略或者更改文化产品类型,有针对性地对不同人群进行产品和服务供给。

交通状况是决定公共文化产品供给成本的关键因素,在前文中已经提到不同交通状况的区域,公共文化产品供给的成本是不同的,不同主体的供给意愿也有差异。政府必须对不同交通状况的区域履行公共文化供给职能。在理想形态下,政府应该不分地区、不考虑供给成本地对所有地区、所有人提供均等化的公共文化服务。但事实上,有些地方政府同样会因为供给成本的考量而选择性地对不同交通状况的地区进行公共文化产品供给,"电影下乡""流动图书馆"等在交通状况较差的农村出现的频率要比交通状况好的农村低得多。而且,如果要引入市场力量提供公共文化服务,作为"理性经济人"的企业也会甄别不同交通状况的农村,而选择供给成本低的区域集中供给。所以,对于不同交通状况的区域,政府所需要花费的供给成本不同,这在公共文化服务体系建设之前就应该充分考虑。

人口数量是决定公共文化产品供给数量的基本因素。人口数量的多少是公共文化服务体系建设首先要考虑的因素,这是选取公共文化产品供应量的首要指标。但是需要区分的是,人口数量并不仅是指供给区域的所有人口,而是特指能真正使用公共文化产品的那部分人口。比如一个地区人口自然增长率高,即人口出生速度高于死亡速度,该地区的婴幼儿数量就比较多,但婴幼儿并不能使用公共文化产品,所以可以暂时忽略这部分人的公共文化需求;另外一个地区人口流动率高,青壮年劳动力都长期外出打工,其公共文化需求在其他地区可以获得补偿,因而在供给过程时也可以减少对这部分人群的供应。所以,政府进行农村公共文化产品供给时,应该着重考虑的是对公共文化产品有有效使用需求的人口数量,而不是地区的人口总数。

人口构成主要包括人口的性别、职业、年龄、文化程度构成等多个方面。不同人口构成对于公共文化产品的需求是不同的。男性与女性在公共文化产品需求方面就有较大差异,在农村地区,男性的受教育程度总体要比女性高,由此造成公共文化需求层次和类型的差别。即使同在一个文化层次上,男性与女性的公共文化需求也不相同。男性对公共类的棋牌室、电影放映站、农家书屋的使用率要远远高于女性;不同职业的人群也有不同的文化需求。虽然在农村,大部分是农民,但是农民内部可分为以农业生产为主要和以农业生产为辅助性生计方式,因而也会对不同的公共文化产品产生不同的需求;年龄也是影响文化需求的一个重要因素。不同年龄阶段的人,认知水平、人生经历、审美取向、文化消费能力都不同,因而在公共文化消费上会产生明显的代际差异,公共文化产品的供给必须考虑农村地区不同的年龄构成,按照不同年龄层次来提供不同的公共文化服务,有效提高公共文化产品的使用效率;受教育程度对于公共文化需求的影响已经叙述,此不赘述。总之,人口构成与文化需求之间有显著的正相关关系。要提高农村公共文化产品的供给和消费效率,必须要科学地对人口构成进行分类,按照人口结构的特征来完善农村地区公共文化服务体系。

文化现实是指地区的文化发展基础。宗教信仰状况、农村自主供给公共文化产品的状况、原有的公共文化设施建设状况、日常的文化消费状况等都属于文化现实的范畴。农村社会是由一个个相对封闭的村庄构成的整体,在这些小村庄内部培育出了不同的文化体系,这个体系就是文化现实。不同文化现实村庄的村民,对不同的公共文化产品有着不同的文化需求。如有宗教信仰的人与没有宗教信仰的人,其文化需求就不同。信仰伊斯兰教的人与信仰基督教、佛教的人文化心理、精神世界有差异,其文化需求也有差异;有些地区的农村精神生活丰富,农民可以自主提供一部分公共文化产品,而有些农村很少有集体性的娱乐活动和文化消费活动,这些有着不同文化现实的农村对于公共文化产品的需求是不同的。因此,公共文化产品供给就需要综合考虑不同地区的文化现实。

从宏观层面把握区域整体的文化需求状况,与从个体微观层面把握个体的文化需求状况在本质上是一致的。考虑影响公共文化需求的因素有助于帮助我们制定科学的衡量农民公共文化需求的指标体系。只有提供符合农民文化需求的文化产品和服务,才能有效构建农村地区的公共文化服务体系。

二、农村公共文化产品供给模式选择

政府、市场和农村社会作为单一公共文化产品供给主体,均存在优势和劣势。但在实际操作当中,农村公共文化产品的供给可以跨出单一供给模式的框架,而确立多元供给主体模式。奥斯特罗姆经过深刻的理论分析和丰富的实证分析,提出了"多中心治理"理论。该理论认为多中心治理结构是由社群组织通过自发秩序形成的。该理论还提出,公共政策的多样化安排和公共治理的多中心参与,可以保证公共利益的持续发展,同时有效遏制集体行动中的机会主义。多中心治理理论认为:政府是公共物品的主要提供者,因为公共物品具有自身的特殊属性。但是,由于政府行为的局限性,又会存在"政府失灵"的问题。为了避免出现政府提供的公共物品不能满足公众公共物品需求的现象,政府需要同社区、企业、非营利组织合作形成共同供给公共物品的合作模式。而根据我国的《公共文化服务保障法》的基本界定,即"由政府主导、社会力量参与,以满足公民基本文化需求为主要目的而提供的公共文化设施、文化产品、文化活动以及其他相关服务",可见作为政府公共服务的重要组成部分,公共文化服务的过程既是政府主导的推进过程,亦是社会多元主体积极跟进的过程,其本身是一个包含多重主体的协同参与和运作体系。由此,我国农村公共文化产品的供给,同样需要确立多中心治理的供给原则,政府、企业、农民、社会第三方组织应该多方努力、共同协作,为农民提供有效的公共文化产品,构建"政府监管为主导、农民自主为核心、多方参与为保障"的创新路径。

　我国农村公共文化服务的政府供给是一种权威型供给,自愿供给是一种非营利型供给,市场供给是一种营利型供给。以上三种模式之间各有优劣,农村公共文化产品的供给应该是三种模式互相补充、互相合作。在农村公共文化产品供给的过程中,政府的优势在于政府拥有强大的政治资源,农村公共文化产品的数量和质量标准都由政府确定,可以实现农村公共文化产品供给的均等化,农村公共文化产品生产的资源可以通过强制性的税收从私人部门转移过来;农村公共文化产品的自愿供给可以有效解决农村公共文化产品的效率问题,解决偏好显示机制缺失的问题,还可以有效解决制度供给不足的其他问题;市场供给农村公共文化产品的优势在于,在市场竞争压力与追求盈利的作用下,生产者会主动地降低生产成本,改善产品和服务质量等。但三种供给主体也都有各自的局限性,应该相互补充,结合各自优势。

总之,农村公共文化产品供给模式的选择应根据广大农村地区区域性的自然条件、历史条件、农民文化特征、文化消费取向、经济发展阶段、经济社会发展水平、农民自身的现实状况等因素进行选择,不同的农村公共文化产品及服务可采取不同的供给主体和供给模式,要充分发挥各自的优势,取长补短、趋利避害地形成多元化的乡村文化产品供给模式:即通过公共文化服务满足公共性文化需求,通过文化市场满足个体性文化需求,逐渐形成乡村公共文化服务供给在政府主导下由政府、社会(包括农村社区和非营利性组织)和市场混合供给的机制。同时,农村公共文化供给模式的选择应该有几个基本的原则需要遵循。

(一)完善农村公共产品多元供给的制度安排

农村公共文化产品的多元供给需要完善农村公共文化产品有效供给的制度安排。建立一套科学、民主、法制的农村公共文化产品决策机制,加强农村公共文化产品供给决策的科学化、民主化。只有通过适宜的制度安排,对政府与社会、行政与市场、组织与个人的相关制度进行整合,使政府供给主体、农民消费主体、社会参与主体各自发挥主动性作用,才能实现政策目标、个人需要和社会效应等多方利益的有机整合。完善农村公共文化产品制度设计最重要的就是产权安排。这是社会主体介入公共产品生产与管理的制度保障,通过明晰产权能确保社会参与主体进入公共产品供给领域的必要收益。按照阿尔钦的定义,产权是一个社会强制实施的选择一种经济品的使用的权利。① 可以看出,产权的一个特点是强制性,只有强制性的产权才能使产权所有者形成对产权的良好预期,从而有足够的激励来行使产权。因此,只有界定特定主体对某一公共产品的产权,并且有一系列制度安排来保护产权的行使,这样供给主体特别是企业和个人才有动力来提供公共产品。在供给农村公共文化产品的过程

① [美]科斯等:《财产权利与制度变迁——产权学派与新制度学派译文集》,刘守英等译,生活·读书·新知三联书店1991年版,第166—176页。

中要完善供给主体的职能划分,政府应该统筹规划明确各个供给主体的职责和任务,并制定相应的评价机制定期考核农村公共文化产品的供给效率。对于农民自愿供给公共文化产品的区域,政府应该积极鼓励农民参与到公共文化产品供给的决策中来,提高农村公共文化产品供给的科学性。在鼓励农民私人投资农村公共文化产品的过程中,要坚持减轻农民负担,不能不顾农民的经济承受能力,搞乱收费、乱摊派、乱集资,影响和挫伤农民供给农村公共文化产品的主动性。

除此之外,农村公共文化产品的供给应该建立一个政府、农民、社会三方信息沟通与共享机制,以实现信息对称。信息沟通与共享机制包括相关关系人之间的沟通机制和信息收集、信息处理、信息传递、信息披露等制度安排。在政府、农民与社会三方关系中,首先需要信息输入机制的建立,通过信息输入机制,政府获得社会组织参与公共产品生产与运营管护的意愿表达和利益诉求;其次需要信息输出机制的建立,通过信息输出机制政策,执行机关可以及时地向社会参与主体传达政策观点和公共需求;最后需要改革传播渠道,建立定期沟通制度,使政府主体、农民主体和社会参与主体三者的联系规范化。同时建立对社会参与主体承担公共产品运营管理的制度规范。在"政府主导,多元监管"的创新路径中,农村公共文化产品的运营管理不再是政府的专利,符合条件的社会参与主体也可以在运营监管环节发挥作用。

(二)确立以农民自主文化需求为导向的农村公共文化产品供给导向

以农民自主文化需求为导向则意味着农村公共文化产品供给要将农民对公共文化产品需求的基本结构、农民对公共文化产品的评价、农民可利用的公共文化资源以及农民对公共文化产品提供过程中的民主参与等作为制度运行的核心内容,并结合地方的文化特征和资源状况,确定何种内容和水平的农村公共文化产品和采取何种供给主体。由于特定的制度安排,在农村的自组织系统中形成了特定的文化需求,这种文化需求在乡村社会内部便能满足。但文化产品一旦由外部供给(当前主要表现为政府"自上而下"的文化产品供给模式),文化产品与农民自身的文化需求便存在结构性失衡。农民对政府或其他组织提供的公共文化产品缺乏内生的热情,倾向于隐藏自己的文化需求。因此,政府或其他外部组织在确定具体的农村公共文化产品之前,应该充分进行实地调研,广泛征集农民自身的意见。

我国对农村的文化观念,受到国家力量自上而下的强行"植入",主要表现为精英文化对大众文化的改造和替代,难以在农村社会中植根,成为"无根"的二元文化。农民对于自身文化需求的表达很模糊,也很被动。事实证明,现行的公共文化产品的政府供给是一种"送文化"的形式,如送电影下乡、乡村文化站、农家书屋等都是自上而下的政府供给,没有很好地贴近农民自身的文化需求,因此这类公共文化产品的供给在农村的使用率很低,没有发挥出文化产品的真正效应。在这种情况下,疏通农民需求的表达渠道是必要的,以农民需求为导向需要有顺畅的需求表达渠道,并对诉求进行恰当的合理化,既要使得农民的文化需求能够传递到政府文化主管部门,又要对农民文化诉求进行有效整理,保证供给尽可能向农民真实需求靠拢。

公共产品最优供给机制的前提是通过政治程序转化为集体行动,实现个人的真实偏好,要转变当前我国自上而下的公共决策机制,必须建立完善的农民利益诉求表达机制。以需求决定供给也是市场经济调配资源行之有效的手段,农民是农村公共文化产品的唯一消费者,他们真实合理的公共文化需求,才是政府供给的目标。目前,政府主导的农村公共文化供给,同样要与时俱进,要根据农村公共文化需求来进行供给,这样才能发挥出公共资源的最大效用。应该设计针对农村地区公共文化产品需求评估的程序,对农村公共文化的需求进行合理鉴别,区分好合理需求、有效需求、基本需求,用来指导公共文化产品的供给,保证供给有效性的最大化。要准确把握农民群众的文化需求特点与文化欣赏习惯,贴近群众生产生活实际,为农民群众提供优质的文化产品和文化服务。

（三）发挥政府在农村公共文化产品供给中的主导作用

农村公共文化产品供给中政府的主导作用,是由公共文化产品的特性和农村、农民的特征决定的。由于公共产品具有非排他性、非竞争性及外溢性等特征,若通过市场方式提供,很容易出现"搭便车"和投资不足的问题,并且在规模经济上缺乏效率。如果由政府通过强制性征税来提供,则可以克服市场供给的缺陷。因此,政府作为公共利益的唯一代表,必然是公共产品的天然提供者,或者说提供公共产品是政府的重要职能。正如安东尼·吉登斯所言"政府存在的目的,是为各种不同利益的实现提供途径,创设和保护一个开放性的公共领域,提供包括集体安全和各种福利在内的多种多样的公共产品"①。农村公共产品是满足农民文化需求、充实农民公共文化空间的产品或服务,它的"公共性"特征决定政府在整个农村公共文化产品供给过程中的主体地位。

从农村和农民自身的特点来分析。在传统社会乡村自治的制度环境下,农村公共文化产品的供给主要有几类主体:社区宗族组织供给及私人供给、皇权政府供给和其他民间组织自愿供给,其中以社区宗族组织供给为主。自然经济使农民长期在一地生活,而使宗族凸显,宗族或以宗族为基础的村庄构成了农民家庭以上的另一个基本的认同和行动单位。但是这类农村公共文化产品的供给主体随着时代的发展不断被解构,现今的农村社区公共性的活动日益减少,原来的乡村共同体被乡村个体取代,农民的独立性不断增强,对公共文化事务的关心程度锐减,很多地区的农村公共生活被电视、纸牌、麻将、网络等占领,导致公共文化生活空间被大量挤压。另外,由于部分公共文化产品具有非排他性,大多数人都会存在"搭便车"的心理,希望不花费任何费用,就可以获得服务。

---

① ［美］安东尼·吉登斯:《第三条道路:社会民主主义的复兴》,郑戈译,北京大学出版社、生活·读书·新知三联书店 2000 年版,第 38 页。

所以,农民由于受自身局限性的制约,农村公共文化产品供给的责任主要落在了政府的身上,这是由政府的职能决定的。供给公共文化产品是政府存在的合法性来源之一;政府之所以适合提供公共文化产品,除了公共文化产品具有非排他胜、非竞争性的基本特征外,关键在于它具有普遍性和强制性的政治权力,使得政府在提供公共文化产品时具有以下优势:一是课税的优势;二是禁止或允许的优势;三是节省交易成本和组织成本的优势;四是庞大财政实力的优势;五是它能解决"搭便车"问题。当然,政府在农村公共文化产品的过程中应该强化服务意识,由"权威型政府"向"服务型政府"转变,努力实现农村公共文化产品的覆盖面。

(四)构建农村公共文化产品供给效率的社会化监督机制

农村公共文化产品的供给效率需要有社会化的监督,对农村公共文化产品效率的评价标准,是农民对公共文化产品的满意度。对农民公共文化产品满意度的调查应该由社会第三方组织来完成,不应该由政府工作人员来评价。现阶段一个很突出的问题就是政府对公共文化产品供给效率的评价。很多政府官员为了达到政绩标准或完成上级摊派的任务,对所辖地区的农村供给不符合农民需求的公共文化产品,这种产品对农民本身没有吸引力,但有些地方政府对农村公共文化产品如"农家书屋""送戏下乡"等活动给出不切实际的评价。地方政府时常忽略农村文化建设"投资大、见效慢"的"产品",由于这些公共文化产品短时期内难以取得政绩,所以将其边缘化。因此,对农村公共文化产品效率的评价应该确定科学的社会化监督机制,由社会组织收集农民对公共文化产品的满意度报告,并给出客观中肯的评价。

社会组织对农村公共文化产品的监督重点主要涉及两项内容:财务监督和供给过程监督。财务监督要保证财务的透明公开,让农民获得与其切身利益相关的文化供给的知情权、参与权和监督权。积极发挥农村居民委员会对农村公共产品资金的筹集、使用和管理的监督、检查作用,切实做到民主理财,确保公共资源的合理使用。同时,为防止村干部间的相互庇护,社会组织应该作为仲裁者适当干预,给予农民定期的或制度化的查账权,它是保障农村公共文化基金用到实处的一个重要体现。供给过程监督涉及各主体供给方式的合理合法化,产品是否满足农民的文化需求等,这要求培植农民的公民意识,加强对基层政府行政行为以及其他供给主体的民主监督。在农村公共文化产品提供过程中,社会化监督方式要逐步由侧重于专项的、事后的、突击性的检查监督方式,转变为经常性的、全过程监督,着眼于财政活动的全过程,突出资金使用和流转的透明度,确保公共资源的合理使用。社会化监督另一个重要的方面是建立起以结果为导向,激励政府提供公共文化产品的绩效评估体系,引导政府提供的公共文化产品要以民生为本,以满足最大多数人民的公共文化利益为本。同时,要强化行政问责,对提供公共文化服务的结果进行评价和监控,关注政府提供公共文化产品的质量与成本,促进政府决策程序规范化和民主化,推进公共服务型政府建设,加强信息公开和健全监督,加强社会各界包括群众和舆论的监督作用,让行政问责真正落到实处,建立自下而上、由农民到政府的真正有效的问责制度,并将其贯穿到政府的日常工作中去,力促政府转型,建立行为规范、运转协调、公正透明和廉洁高效的公共文化产品提供机制。

总之,公共产品供给主体必须多元化,由以往政府单一供给主体转变为政府、第三部门、私人等多元供给主体,具体包括政府、私人、社区、非营利组织等。把政府供给与市场供给结合起来,发挥市场机制的作用。公共产品既由政府直接提供,也可由私人、企业生产提供。我国农村公共文化产品供给方式的选择,应综合考虑农村公共文化产品性质和类型的动态化、各供给方式的优劣性、适用范围和不同农村地区的差异状况、我国各农村地区供给主体的供给能力和发展状况等因素,选择适应中国国情和地方实际的农村公共文化产品供给方式。

参 考 文 献

一、中文文献

[1]左惠:《文化产品的公共物品属性及其供给模式选择》,《中州学刊》2009年第5期。

[2]刘如珍:《当代农村公共文化产品供给新策略研究》,《福建论坛》2009年第9期。

[3]皮修平:《俱乐部方式供给湖南农村公共文体产品研究》,《湖南科技大学学报》2010年第5期。

[4]韦正富:《论西南民族地区基层公共服务系统建设》,《云南民族大学学报》2010年第6期。

[5]陈庆德:《资源配置与制度变迁人类学视野中的多民族经济共生形态》,云南大学出版社2007年版。

[6][英]亚当·斯密:《国民财富的性质和原因的研究》下卷,郭大力、王亚南译,商务印书馆1974年版。

[7]韩鹏云、刘祖云:《我国农村公共产品供给制度的结构与历史性变迁——一个历史制度主义的分析范式》,《学术界》2011年第5期。

[8][英]哈维·S.罗森:《财政学》,赵志耘译,北京大学出版社2005年版。

[9]刘佳丽、谢地:《西方公共产品理论回顾、反思与前瞻——兼论我

国公共产品民营化与政府监管改革》,《河北经贸大学学报》2015 年第
9 期。

[10][美]W.W.罗斯托:《从起飞进入持续增长的经济学》,贺力平
译,四川人民出版社 1988 年版。

[11][美]阿伦特:《人的条件》,竺乾威等译,上海人民出版社 1999
年版。

[12]荣跃明:《公共文化的概念、形态和特征》,《毛泽东邓小平理论
研究》2011 年第 3 期。

[13]高丙中:《作为公共文化的非物质文化遗产》,《文艺研究》2008
年第 2 期。

[14][德]瓦尔特·本杰明:《迎向灵光消逝的年代——本雅明论艺
术》,许绮玲、林志明译,广西师范大学出版社 2004 年版。

[15]陈庆德、孙信茹:《文化产业学科理论的民族学视野》,《思想战
线》2013 年第 1 期。

[16]张晓明、李河:《公共文化服务:理论和实践含义的探索》,《出版
发行研究》2008 年第 3 期。

[17]柯武刚、史漫飞:《制度经济学:社会秩序与公共政策》,商务印
书馆 2003 年版。

[18]萧公权:《中国乡村:论 19 世纪的帝国控制》,张皓、张升译,联
经出版事业股份有限公司 2014 年版。

[19][美]孔飞力:《叫魂:1768 年中国妖术大恐慌》,陈兼、刘昶译,
生活·读书·新知三联书店 2012 年版。

[20]王铭铭:《走在乡土上——历史人类书札记》,中国人民大学出
版社 2003 年版。

[21][美]曼瑟尔·奥尔森:《集体行动的逻辑》,陈郁、郭宇峰、李崇
新译,上海三联书店 1995 年版。

[22][美]埃莉诺·奥斯特罗姆:《公共事物的治理之道:集体行动制度的演进》,余逊达、陈旭东译,上海三联书店,上海出版社2000年版。

[23]林万龙:《中国农村社区公共产品供给制度变迁研究》,中国财政经济出版社2003年版。

[24]陈池波、胡振虎、傅爱民:《新农村建设中公共产品供给问题研究》,《中南财经政法大学学报》2006年第4期。

[25][美]道格拉斯·C.诺思:《经济史中的结构与变迁》,陈郁、罗华平等译,上海三联书店1991年版。

[26]贺雪峰:《新乡土中国》,北京大学出版社2013年版。

[27]陈小安:《农村公共产品供给决策机制:现状、问题与对策》,《西南民族大学学报》2005年第4期。

[28]肖赞军、柳思维:《中国农村非正规劳动合作的演进》,《经济学家》2007年第1期。

[29]周飞舟:《从汲取型政权到"悬浮型"政权——税费改革对国家与农民关系之影响》,《社会学研究》2006年第3期。

[30]邓大才:《超越村庄的四种范式:方法论视角——以施坚雅、弗里德曼、黄宗智、杜赞奇为例》,《社会科学研究》2010年第6期。

[31]杜靖:《作为概念的村庄与村庄的概念——汉人村庄研究述评》,《民族研究》2011年第2期。

[32]费孝通:《江村经济》,北京大学出版社2012年版。

[33][美]罗伯特·帕雷托:《使民主运转起来》,王列、赖海榕译,江西人民出版社2001年版。

[34]杨华:《绵延之维——湘南宗族性村落的意义世界》,山东人民出版社2009年版。

[35]张维迎:《博弈论与信息经济学》,上海人民出版社2005年版。

[36]朱新山:《试论传统乡村社会结构及其解体》,《上海大学学报》

（社会科学版）2010 年第 5 期。

[37]费孝通:《生育制度》,商务印书馆 2007 年版。

[38]童玉芬:《中国农村劳动力非农化转移规模估算及其变动过程分析》,《人口研究》2010 年第 5 期。

[39]都阳、蔡昉、屈小博、程杰:《延续中国奇迹:从户籍制度改革中收获红利》,《经济研究》2014 年第 8 期。

[40]黄宗智:《明清以来的乡村社会经济变迁》卷三,《法律出版社》2014 年版。

[41][挪威]弗里德里克·巴斯:《族群与边界》,李丽琴译,商务印书馆 2014 年版。

[42]何明、木薇:《城市族群流动与城市边界的建构——以昆明市布依巷为例》,《民族研究》2013 年第 5 期。

[43][德]尤尔根·哈贝马斯:《公共领域的结构转型》,曹卫东译,学林出版社 1999 年版。

[44][德]尤尔根·哈贝马斯:《公共领域》,曹卫东译,生活·读书·新知三联书店 1998 年版。

[45][美]罗伯特·戴维:《社会思想中的空间观——一种地理学的视角》,黄春芳译,北京师范大学出版社 2010 年版。

[46]潘泽泉:《社会空间的极化与隔离:一项有关城市空间消费的社会学分析》,《社会科学》2005 年第 1 期。

[47][英]安东尼·吉登斯:《资本主义与现代社会理论:对马克思、涂尔干和韦伯著作的分析》,郭忠华译,上海译文出版社 2013 年版。

[48]曹海林:《村落公共空间与村庄秩序基础的生成》,《人文杂志》2004 年第 6 期。

[49]左大康:《现代地理学辞典》,商务印书馆 1990 年版。

[50]游详斌、彭磊:《中国"草根民主"的文化基础》,《山西大学学报

（哲学社会科学版）》2011 年第 5 期。

[51]［法］费尔南·布罗代尔:《资本主义的动力》,杨起译,生活·读书·新知三联书店 1997 年版。

[52]王锋、魏劭农:《公共空间的社会科学维度研究》,《求索》2013年第 7 期。

[53]陈勤奋:《哈贝马斯的"公共领域"理论及其特点》,《厦门大学学报(哲学社科版)》2009 年第 1 期。

[54]赵世瑜:《小历史与大历史》,生活·读书·新知三联书店 2006年版。

[55]李红艳、左停:《乡村传播意义下的农村发展》,《新闻界》2007年第 6 期。

[56]［美］道格拉斯·诺斯、［美］罗伯特·托马斯:《西方世界的兴起》,厉以平、蔡磊译,华夏出版社 1999 年版。

[57]王笛:《跨出封闭的世界——长江上游区域社会研究 1644—1911》,中华书局 2001 年版。

[58]［英］安东尼·吉登斯:《现代性的后果》,田禾等译,译林出版社 2000 年版。

[59]陈定洋:《中国农村公共产品供给制度变迁的实质与逻辑》,《商业研究》2010 年第 11 期。

[60]［美］道格拉斯·诺思:《经济史中的结构与变迁》,上海三联书店 1991 年版。

[61]［德］贡德·弗兰克:《白银资本:重视经济全球化中的东方》,刘北成译,中央编译出版社 2000 年版。

[62]卢现祥:《西方新制度经济学》,中国发展出版社 2003 年版。

[63]周绍斌、高林:《农村公共品供给演变的制度分析——基于历史制度主义的解释》,《浙江师范大学学报(社会科学版)》2016 年第 1 期。

[64]黄宗智:《明清以来的乡村社会经济变迁》,法律出版社 2014 年版。

[65]朱尔明、赵广和:《中国水利发展战略研究》,中国水利水电出版社 2002 年版。

[66]卡尔·A.魏特夫:《东方专制主义》,徐式谷等译,中国社会科学出版社 1989 年版。

[67]张景平、王忠静:《从龙王庙到水管所——明清以来河西走廊灌溉活动中的国家与信仰》,《近代史研究》,2016 年第 3 期。

[68]王铭铭:《走在乡土上历史人类学札记》,中国人民大学出版社 2003 年版。

[69]费孝通:《中国士绅——城乡关系论》,外语教学与研究出版社 2011 年版。

[70]龙太江:《乡村社会的国家政权建设:一个未完成的历史课题——兼论国家政权建设中的集权与分权》,《天津社会科学》2001 年第 3 期。

[71]徐勇:《"回归国家"与现代国家的建构》,《东南学术》2006 年第 4 期。

[72][美]杜赞奇:《文化、权力与国家——1900—1942 年的华北农村》,王福明译,江苏人民出版社 1996 年版。

[73]高彦彦:《城市偏向、收入差距与中国农业增长》,《中国农村观察》2010 年第 5 期。

[74]施惟达:《民族村寨文化的现代建构》,《民族艺术》2004 年第 4 期。

[75]陈硕:《分税制改革、地方财政自主权与公共品供给》,《经济学(季刊)》2010 年第 4 期。

[76]陈家建:《项目制与基层政府动员——对社会管理项目化运作

的社会学考察》,《中国社会科学》2013 年第 2 期。

[77]王列生:《论公民基本文化权益的意义内置》,《学习与探索》2009 年第 6 期。

[78]张晓明、胡惠林、章建刚:《2010 中国文化产业发展报告》,社会科学文献出版社 2010 年版。

[79]鲍金:《文化的商品与公共产品特性——兼与王晓升教授商榷》,《哲学动态》2008 年第 9 期。

[80]张晓明、李河:《公共文化服务:理论和实践含义的探索》,《出版发行研究》2008 年第 3 期。

[81][古希腊]亚里士多德:《政治学·第 1 卷》,吴寿彭译,商务印书馆 1994 年版。

[82][美]莱斯利·里普森:《政治学的重大问题——政治学导论》,刘晓译,华夏出版社 2001 年版。

[83][德]黑格尔:《法哲学原理》,范扬、张企泰译,商务印书馆 1961 年版。

[84][英]约翰·洛克:《政府论·下篇》,丰俊功译,商务印书馆 1964 年版。

[85]曾峻:《公共秩序的制度安排:国家与社会关系的框架及其运用》,学林出版社 2005 年版。

[86]何增科:《市民社会概念的历史演变》,《中国社会科学》1994 年第 5 期。

[87]邓正来、[美]J.C.亚历山大:《国家与市民社会——一种社会理论的研究路径》,上海人民出版社 2006 年版。

[88]白立强:《究竟是"社会国家化"还是"国家社会化"?——从马克思"国家—社会"结构理论看当代中国"政治国家"与"市民社会"的关系》,《理论探讨》2007 年第 2 期。

［89］邓正来、景跃进：《构建中国的市民社会》，《中国社会科学辑刊（香港）》1992 年第 1 期。

［90］王建生：《西方国家与社会关系理论流变》，《河南大学学报（社会科学版）》2010 年第 6 期。

［91］徐勇：《现代国家、乡土社会与制度建构》，中国物资出版社 2009 年版。

［92］张鸣：《爬上妙峰山看村民"自治"》，《读书》2001 年第 1 期。

［93］张天学、阙培佩：《我国现行公共文化产品供给的制度困境和对策》，《理论月刊》2011 年第 5 期。

［94］费孝通：《乡土中国》，人民出版社 2008 年版。

［95］卜正民：《为权力祈祷：佛教与晚明中国士绅社会的形成》，江苏人民出版社 2005 年版。

［96］闻均天：《中国保甲制》，商务印书馆 1935 年版。

［97］［德］马克斯·韦伯：《儒教与道教》，洪天富译，江苏人民出版社 1993 年版。

［98］［美］古德：《家庭》，魏章玲译，社会科学文献出版社 1986 年版。

［99］高华：《近代中国社会转型的历史教训》，《战略与管理》1995 年第 4 期。

［100］秦晖：《传统十论——本土社会的制度文化与其变革》，复旦大学出版社 2003 年版。

［101］阎云翔：《私人生活的变革：一个中国村庄里的爱情、家庭与亲密关系 1949—1999》，上海书店 2006 年版。

［102］韩业庭：《十八大以来我国构建现代公共文化服务体系成就述评》，《光明日报》2017 年 9 月 29 日。

［103］中国农村文化联合调研课题组，王家新、黄永林、吴国生、傅才武、徐晓军、吴理财：《中国农村文化建设的现状分析与战略思考》，《华中

师范大学(人文社会科学版)》2007 年第 4 期。

[104]郭建如:《国家—社会视角下的农村基础教育发展:教育政治学分析》,《北京大学教育评论》2005 年第 3 期。

[105]世界银行编著:《1997 年世界发展报告——变革世界中的政府》,蔡秋生等译,中国财政经济出版 1999 年版。

[106][古希腊]亚里士多德:《政治学》,吴寿彭译,商务印书馆 1983 年版。

[107][古罗马]西塞罗:《西塞罗文集:政治学卷》,王焕生译,中央编译出版社 2010 年版。

[108][英]休谟:《人性论》,王焕生译,商务印书馆 1983 年版。

[109][美]斯蒂格利茨:《政府为什么干预经济》,郑秉文译,中国物资出版社 1998 年版。

[110][美]林德布罗姆:《政治与市场:世界的政治—经济制度》,王逸舟译,上海人民出版社 1992 年版。

[111]臧秀清、游涛:《文化产品:特征与属性的再认识》,《探索》2011 年第 5 期。

[112][美]E.S.萨瓦斯:《民营化与公私部门的伙伴关系》,周志忍译,中国人民大学出版社 2002 年版。

[113]中共中央文献研究室:《建国以来重要文献选编》第六册,中央文献出版社 1997 年版。

[114]中共中央文献研究室:《建国以来重要文献选编》第八册,中央文献出版社 1997 年版。

[115]张天学、阙培佩:《我国农村公共文化产品供给制度的历史演变及其启示》,《哈尔滨商业大学学报(社会科学版)》2012 年第 4 期。

[116]马鑫、冯毅:《基于交易成本理论的农村公共产品供给问题理财》,《哈尔滨商业大学学报(社会科学版)》2010 年第 2 期。

［117］陈池波、胡振虎、傅爱民：《新农村建设中公共产品供给问题研究》，《中南财经政法大学学报》2006 年第 4 期。

［118］袁倩：《论农村公共产品自主供给的原因》，《山东行政学院学报》2013 年第 2 期。

［119］陈宇峰、胡晓群：《国家、社群与转型期中国农村公共产品的供给：一个交易成本政治学的研究视角》，《财贸经济》2007 年第 1 期。

［120］朱宪辰、李玉连：《领导、追随与社群合作的集体行动——行业协会反倾销诉讼的案例分析》，《经济学（季刊）》2007 年第 6 期。

［121］胡拥军、周戎桢：《乡村精英与农村社区公共产品自主供给——基于"熟人社会"的场域》，《西南农业大学学报（社会科学版）》2008 年第 4 期。

［122］［美］理查德·波斯纳：《法律的经济分析》，蒋兆康译，中国大百科全书出版社 1997 年版。

［123］郭小聪：《政府经济职能和宏观管理》，中山大学出版社 1999 年版。

［124］程恩富、胡乐明：《新制度主义经济学》，经济日报出版社 2004 年版。

［125］陈威：《公共文化服务体系研究》，深圳报业集团出版社 2006 年版。

［126］［美］安东尼·吉登斯：《第三条道路》，郑弋译，北京大学出版社，生活·读书·新知三联书店 2000 年版。

二、外文文献

［1］Arjok, *The Value of Culture*, Amsterdam：Amsterdam University Press, 1997.

［2］Anothony D.Smith, *Cultural Foundations of Nations：Hierarchy, Cove-*

nant, *and Republic*, *Oxford*: *Blackwell Press*, 2008.

[3] D. Harvey, *Social Justice and the City*, Oxford: Blackwell press, 1988, pp.60-66.

[4] F. Eliss, *Peasant Economics*, Cambridge: Cambridge University Press, 1998.

[5] Jean L. Cohen & Andrew Arato, *Civil Society and Political Theory*, The MIT Press, 1994, pp.20-28.

[6] Mueggler, Erik, *The Age of Wild Ghosts*: *Memory*, *Violence and Place in Southwest China*, Los Angeles: University of California Press, 2001.

[7] Wirth, Louis, *Urbanism as a Way of Life*: *The City and Contemporary Civilization*, Chicago: Chicage University Press, 1964.